독자의 1초를 아껴주는 정성!

세상이 아무리 바쁘게 돌아가더라도
책까지 아무렇게나 빨리 만들 수는 없습니다.
인스턴트 식품 같은 책보다는
오래 익힌 술이나 장맛이 밴 책을 만들고 싶습니다.
길벗이지톡은 독자여러분이 우리를 믿는다고 할 때 가장 행복합니다.
나를 아껴주는 어학도서, 길벗이지톡의 책을 만나보십시오.

독자의 1초를 아껴주는 정성을 만나보십시오.

미리 책을 읽고 따라해본 2만 베타테스터 여러분과 무따기 체험단, 길벗스쿨 엄마 2% 기획단,
시나공 평가단, 토익 배틀, 대학생 기자단까지!
믿을 수 있는 책을 함께 만들어주신 독자 여러분께 감사드립니다.

(주)도서출판 길벗 www.gilbut.co.kr
길벗 이지톡 www.gilbut.co.kr
길벗 스쿨 www.gilbutschool.co.kr

영국 현지 영어회화
무작정 따라하기

영국 현지 영어회화 무작정 따라하기
The Cakewalk Series: British English Realtalk

초판 1쇄 발행 · 2025년 9월 30일

지은이 · 박희아
발행인 · 이종원
발행처 · (주)도서출판 길벗
브랜드 · 길벗이지톡
출판사 등록일 · 1990년 12월 24일
주소 · 서울시 마포구 월드컵로 10길 56 (서교동)
대표전화 · 02) 332-0931 | **팩스** · 02) 323-0586
홈페이지 · www.gilbut.co.kr | **이메일** · eztok@gilbut.co.kr

기획 및 책임편집 · 임명진(jinny4u@gilbut.co.kr), 김대훈 | **디자인** · 강은경 | **제작** · 이준호, 이진혁
마케팅 · 차명환, 장봉석, 최소영 | **유통혁신** · 한준희 | **영업관리** · 김명자, 심선숙 | **독자지원** · 윤정아

교정교열 · 강윤혜 | **조판** · 이현대 | **일러스트** · 최정을
녹음 및 편집 · 와이알미디어 | **CTP 출력 및 인쇄** · 예림인쇄 | **제본** · 예림바인딩

- 길벗이지톡은 (주)도서출판 길벗의 성인어학서 출판 브랜드입니다.
- 이 책은 저작권법의 보호를 받는 저작물로 이 책에 실린 모든 내용, 디자인, 이미지, 편집 구성은
  허락 없이 복제하거나 다른 매체에 옮겨 실을 수 없습니다.
- 인공지능(AI) 기술 또는 시스템을 훈련하기 위해 이 책의 전체 내용은 물론 일부 문장도 사용하는 것을 금지합니다.
- 잘못 만든 책은 구입한 서점에서 바꿔 드립니다.
- 책 내용에 대한 문의는 길벗 홈페이지(www.gilbut.co.kr) 고객센터에 올려 주세요.

© 박희아, 2025
ISBN 979-11-407-1238-0 03740 (길벗 도서번호 301191)
정가 19,000원

독자의 1초를 아껴주는 정성 길벗출판사

(주)도서출판 길벗 | IT단행본, 성인어학, 교과서, 수험서, 경제경영, 교양, 자녀교육, 취미실용 **www.gilbut.co.kr**
길벗스쿨 | 국어학습, 수학학습, 주니어어학, 어린이단행본, 학습단행본 **www.gilbutschool.co.kr**

유튜브 · @GILBUTEZTOK | 인스타그램 · gilbut_eztok | 네이버포스트 · gilbuteztok

영국 현지 영어회화 무작정 따라하기

To All Readers | 서문

영어에 관심을 갖게 된 건 아주 우연한 계기였습니다.

제가 22살이 되던 해, 막내고모가 지내고 있던 영국을 무작정 방문하게 되었어요. "더 넓은 세상을 직접 보고 오면 앞으로 살아가는 데 도움이 되지 않겠니?" 부모님의 이런 조언 덕분이었습니다.

사실 당시 저는 영국이 어디에 있는지도 잘 몰랐고, 영국식 영어가 우리가 학교에서 배운 미국식 영어와는 많이 다르다는 것도 알지 못했습니다. 그런 상태에서 처음 접한 영국은, 제게 그야말로 신선한 충격이었습니다. 물론, 긍정적인 의미에서요.

단순한 발음 차이를 넘어 억양, 표현 방식, 문화적 뉘앙스까지 모든 것이 새롭게 느껴졌고, 영어에 전혀 관심이 없던 제가 처음으로 진심으로 영어를 배우고 싶다는 마음을 갖게 되었습니다. 그렇게 저는 이듬해, 본격적으로 어학연수를 위해 다시 영국을 찾게 되었습니다.

이미 영국 영어에 깊은 흥미를 느끼고 있던 터라, 누구보다 빠르게 영어 실력이 늘 수 있었던 것 같습니다. 영국 현지인들과 어울리며 생활 영어를 익히고, 자연스럽게 영국식 발음에도 적응해갔습니다. 학생 비자로 주당 20시간 일할 수 있었던 저는 카페에서 아르바이트하며 친구도 사귀고, 생활 속에서 진짜 영어를 배웠습니다.

2년간의 어학연수를 마칠 무렵, 저는 한국에 그냥 돌아갈 수 없겠다는 생각이 들었습니다. 한국에서 전공했던 패션 디자인을 마케팅 분야로 확장해 더 전문적으로 배우고 싶었고, 결국 영국의 대표적인 패션 학교인 London College of Fashion의 Fashion Marketing and Promotion 전공으로 학사 과정에 진학하게 되었습니다.

졸업 후에는 마케팅 관련 회사에서 일하다가, 우연히 소셜미디어에 올린 영국 영어 콘텐츠를 계기로 여러 어학 및 패션 플랫폼과 협업을 시작하게 되었고, 현재는 크리에이터로 활동하고 있습니다.

시중에는 이미 영국 영어를 다룬 책들이 다양하게 나와 있습니다. 그래서 저는 이 책에서 조금 더 디테일한 부분과 기존 책들이 놓치고 있던 내용들을 담아보고자 했습니다. 예시 대화 하나도 단순한 표현으로 끝내지 않고, 가능한 한 영국식 어감과 표현이 자연스럽게 녹아들 수 있도록 여러 번 고쳐 썼습니다.

영국 영어를 배울 때, 단지 발음만 익히는 데 그치지 않고 그들의 문화와 소통 방식을 함께 이해한다면 훨씬 더 흥미롭고 풍부한 배움이 될 수 있습니다. 직설을 피하고 돌려 말하는 표현, 사소한 일에도 "미안하다"고 말하는 정서, 상황에 따라 다양한 형용사와 부사를 자유롭게 쓰는 영국식 말투 등은 그 자체로 이 나라를 더욱 매력적으로 만들어 줍니다. 이 책을 통해, 그런 영국의 언어와 문화를 조금이나마 간접적으로나마 느껴보시길 바랍니다.

마지막으로, 이 책을 펼치기 전에 꼭 전하고 싶은 말이 있습니다.
영국식 발음 자체에 집착하기보다는, 자신만의 자연스러운 발음에 영국 영어 특유의 억양과 어휘를 더해가는 것이 훨씬 중요하다는 점입니다.

저 또한 한때는 발음에 매우 집착했던 사람입니다. 하지만 시간이 지나면서, 발음이 전부가 아니라는 사실을 절실히 깨달았습니다. 물론 영국식 발음은 정말 매력적이고, 한번 빠지면 헤어 나오기도 쉽지 않죠. 하지만 오늘날 영어는 단순히 미국식과 영국식으로 나뉘지 않습니다. 중요한 건, 자기만의 색깔을 가지고 영어를 말하는 것이라 생각합니다.

이 책이 여러분이 자신만의 영어를 찾아가는 여정에 작은 도움이 되기를 바랍니다.

런던에서 희아 드림

Heea Park

Endorsements | 추천사

독자 여러분들이 부럽습니다!

영국을 진심으로 사랑하는 사람이 들려주는 영국 이야기가 얼마나 흥미롭고 유용한지 이 책을 통해 느낄 수 있습니다.

작가가 십수 년간 직접 체득한 영국 생활과 발음·표현 노하우를 고스란히 담아, 바쁜 현대를 살아가는 우리에게 간결하면서도 알찬 정보로 영국의 모든 것을 전합니다.

왜 제가 영국에 대해 공부할 땐 이런 책이 없었을까요? 이 책을 읽게 될 독자분들이 부럽습니다!

— 공성재 | 영어 콘텐츠 크리에이터 '코리안빌리'

이 책, 왜 이제야 나온 거죠?

한국인의 귀에 익숙하지 않은 영국식 영어 발음을 텍스트로 자세하게 설명해주니, 글로는 알지만 입으로는 쉽게 내뱉지 못했던 단어와 문구를 자신감 있게 사용할 수 있게 됩니다. 영국 영어를 공부하는 분들에게 꼭 필요한 책인데, 왜 이제야 나온 걸까요?

— 전영탁 | 한영 국제회의통역사

Finally—a Guide Worthy of Britain
마침내, 영국을 제대로 담아낸 안내서

I recommend this book because it introduces the reader to a wide range of vocabulary used in modern British English—with useful explanations and lively sample dialogues.

As a 70-year-old British native speaker, I was interested to learn some expressions and usage I had not come across before.

There are also comparisons with American usage, and examples of words frequently used in everyday conversation—making it a valuable resource for anyone wanting to improve their British English.

이 책을 강력히 추천합니다. 이 책은 현대 영국 영어에서 쓰이는 폭넓은 어휘를 알기 쉽게 풀어주고, 생생한 대화문으로 이해를 돕습니다.

70년을 영국인으로 살아온 저도, 처음 보는 표현과 쓰임을 접하게 되어 정말 흥미롭고 재미있었습니다.

게다가 미국 영어와의 비교부터, 일상에서 자주 쓰이는 단어들까지 담겨 있어 영국 영어를 잘하고 싶은 분에게는 보물 같은 책이 될 것입니다.

— Christopher Golding | UK Chartered Accountant

Contents | 차례

서문 · 004

Part 1 TALK
실전에서 바로 쓰는 영국식 회화

01 | 첫인상을 좌우하는 [영국식 인사] British Greeting · 016
02 | 세상 젠틀한 [영국식 감사 표현] British Gratitude · 028
03 | 세심하게 배려하는 [영국식 제안] British Suggestions · 040
04 | 돌려 말하는 [영국식 거절] British Refusals · 050

Part 2 FEEL
감정을 말하는 영국식 표현

05 | 영국인이 자주 쓰는 [대표 감탄사] British Exclamations 1 · 064
06 | 감정의 강도를 표현하는 [영국식 감탄사] British Exclamations 2 · 074
07 | 은근하게 드러내는 [영국식 기쁨] British Joy · 082
08 | 영국식으로 담담하게 표현하는 [슬픔·실망·후회] British Blues · 094
09 | 품위 있게 말하는 [영국식 화남] British Fury · 104

Part 3 SOUND
듣고 따라 하는 영국식 발음

10 | 입모양부터 다른 [영국식 발음] British Accent · 120
11 | 우아함이 묻어나는 [포쉬 발음] Posh Accent 1 · 130
12 | 더 깊이 알아보는 [포쉬 발음] Posh Accent 2 · 140

티타임으로 만나는 영국식 감성

13 | 일상 속 [영국 티 문화] British Tea Moments · 154

14 | 티타임에 어울리는 [영국식 표현] Tea Expressions · 164

15 | 티와 함께 쓰는 [영국식 관용구] Tea Idioms · 174

더 깊이 있는 영국식 영어 감각

16 | 미국과 다르게 쓰는 [영국식 단어] British Words · 190

17 | 미국과 다른 [영국식 문법 표현] British Grammar · 204

18 | 끝을 흐리는 [영국식 부가의문문] Tag Questions · 218

19 | 부드럽게 이끄는 [영국식 shall 표현] Shall Expressions · 226

20 | 드라마·영화 속 [영국식 대사 표현] Screen Lines · 234

Weather | 변화무쌍 영국 날씨 · 060

Transportation | 영국의 교통 · 092

Money | 영국의 돈 · 116

Toilet | 영국의 화장실 · 150

Football | 영국의 축구 · 186

Parenting | 영국의 육아 · 244

Features | 구성 및 활용법

영국을 알아가는 첫 단추

희아쌤의 한마디로 이번 유닛의 주제와 분위기를 먼저 만나보세요. 표현부터 감정, 발음, 문화, 문법까지—영국식 언어 감각을 미리 엿보며 흥미롭게 시작할 수 있어요.

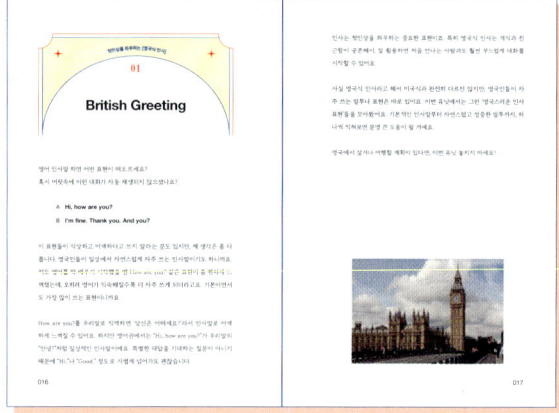

영국 현지 영어 배우기

영국식 현지 회화표현부터 발음, 문법, 문화까지! 상황별 쓰임새와 어감, 억양 포인트, 문장 구조, 문화 배경 등 영국 현지 영어를 배우는 데 필요한 핵심을 친절한 설명과 생생한 예문으로 정리했어요.

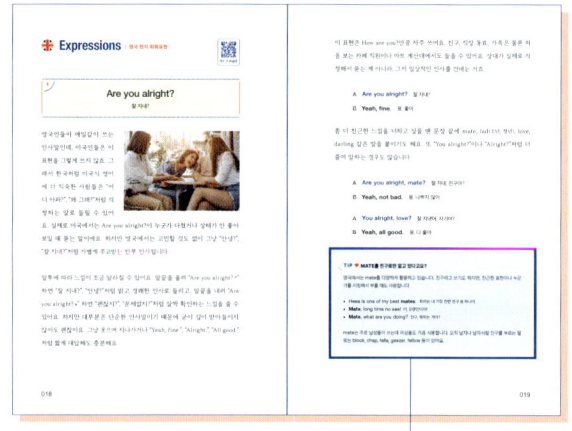

놓칠 수 없는 꿀팁

함께 알아두면 좋은 영국식 말버릇, 문화, 발음·문법 팁도 꼭 챙겨보세요!

실전 대화
(Dialogue)

진짜 영국인들은 이렇게 말해요! 배운 표현이 실제 상황에서 어떻게 쓰이는지, 리얼한 억양과 분위기까지 담긴 대화로 확인해 보세요.

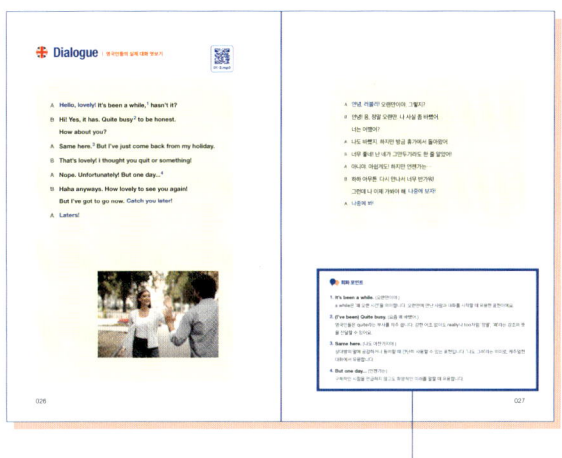

대화 속 감춰진 보석들

놓치기 쉬운 실전 표현과 말투, 영국식 문장 감각까지!
짧지만 알찬 표현을 쏙쏙 정리했어요.

영국을 이해하는 깊은 한 걸음
(British Special)

날씨, 교통, 돈, 축구, 육아 등 영국인의 일상 속 문화 상식을 쉽고 재미있게 소개합니다. 표현을 넘어서, 영국식 사고방식과 생활을 함께 이해하면 영어가 훨씬 자연스러워져요.

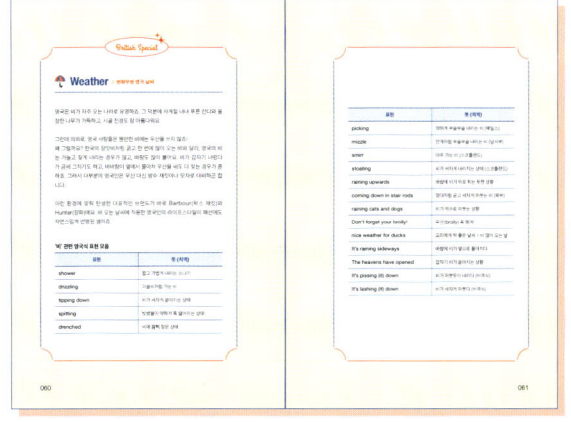

"영국식 말투를 알아야 진짜 대화가 시작된다!"

영국 사람들은 어떻게 인사하고, 감사를 표현하고, 거절할까요? 이 파트에서는 실제 영국식 회화를 구성하는 기본 표현을 상황별로 익힙니다. 직설을 피하고, 공손함을 우선하는 영국식 말투의 매력을 느껴보세요. 단순히 문장을 외우는 것이 아니라, 영국 사람들의 소통 방식과 정서를 함께 이해하는 것이 핵심입니다. 지금부터 영국식 '말투 감각'을 훈련해 보세요.

PART 1

TALK
실전에서 바로 쓰는
영국식 회화

영어 인사말 하면 어떤 표현이 떠오르세요?
혹시 머릿속에 이런 대화가 자동 재생되지 않으셨나요?

A Hi, how are you?
B I'm fine. Thank you. And you?

이 표현들이 식상하고 어색하다고 쓰지 말라는 분도 있지만, 제 생각은 좀 다릅니다. 영국인들이 일상에서 자연스럽게 자주 쓰는 인사말이기도 하니까요. 저도 영어를 막 배우기 시작했을 땐 How are you? 같은 표현이 좀 뻔하게 느껴졌는데, 오히려 영어가 익숙해질수록 더 자주 쓰게 되더라고요. 기본이면서도 가장 많이 쓰는 표현이니까요.

How are you?를 우리말로 직역하면 '당신은 어떠세요?'라서 인사말로 어색하게 느껴질 수 있어요. 하지만 영어권에서는 "Hi, how are you?"가 우리말의 "안녕?"처럼 일상적인 인사말이에요. 특별한 대답을 기대하는 질문이 아니기 때문에 "Hi."나 "Good." 정도로 가볍게 넘어가도 괜찮습니다.

인사는 첫인상을 좌우하는 중요한 표현이죠. 특히 영국식 인사는 격식과 친근함이 공존해서, 잘 활용하면 처음 만나는 사람과도 훨씬 부드럽게 대화를 시작할 수 있어요.

사실 영국식 인사라고 해서 미국식과 완전히 다르진 않지만, 영국인들이 자주 쓰는 말투나 표현은 따로 있어요. 이번 유닛에서는 그런 '영국스러운 인사 표현'들을 모아봤어요. 기본적인 인사말부터 자연스럽고 정중한 말투까지, 하나씩 익혀보면 분명 큰 도움이 될 거예요.

영국에서 살거나 여행할 계획이 있다면, 이번 유닛 놓치지 마세요!

1. Are you alright?
잘 지내?

영국인들이 매일같이 쓰는 인사말인데, 미국인들은 이 표현을 그렇게 쓰지 않죠. 그래서 한국처럼 미국식 영어에 더 익숙한 사람들은 "어디 아파?", "왜 그래?"처럼 걱정하는 말로 들릴 수 있어요. 실제로 미국에서는 Are you alright?이 누군가 다쳤거나 상태가 안 좋아 보일 때 묻는 말이에요. 하지만 영국에서는 고민할 것도 없이 그냥 "안녕?", "잘 지내?"처럼 가볍게 주고받는 안부 인사입니다.

말투에 따라 느낌이 조금 달라질 수 있어요. 말끝을 올려 "Are you alright?↗" 하면 "잘 지내?", "안녕?"처럼 밝고 경쾌한 인사로 들리고, 말끝을 내려 "Are you alright?↘" 하면 "괜찮지?", "문제없지?"처럼 살짝 확인하는 느낌을 줄 수 있어요. 하지만 대부분은 단순한 인사말이기 때문에 굳이 깊이 받아들이지 않아도 괜찮아요. 그냥 웃으며 지나가거나 "Yeah, fine.", "Alright.", "All good." 처럼 짧게 대답해도 충분해요.

이 표현은 How are you?만큼 자주 쓰여요. 친구, 직장 동료, 가족은 물론 처음 보는 카페 직원이나 마트 계산대에서도 들을 수 있어요. 상대가 실제로 걱정해서 묻는 게 아니라, 그저 일상적인 인사를 건네는 거죠.

A **Are you alright?** 잘 지내?

B **Yeah, fine.** 응, 좋아.

좀 더 친근한 느낌을 더하고 싶을 땐 문장 끝에 mate, lad(소년, 청년), love, darling 같은 말을 붙이기도 해요. 또 "You alright?"이나 "Alright?"처럼 더 줄여 말하는 경우도 많습니다.

A **Are you alright, mate?** 잘 지내, 친구야?

B **Yeah, not bad.** 응, 나쁘지 않아.

A **You alright, love?** 잘 지냈어, 자기야?

B **Yeah, all good.** 응, 다 좋아.

TIP ♥ MATE를 친구로만 알고 있다고요?

영국에서는 mate를 다양하게 활용하고 있습니다. 친구라고 쓰기도 하지만, 친근한 표현이나 누군가를 지칭해서 부를 때도 사용합니다.

- Heea is one of my best **mates**. 희아는 내 가장 친한 친구 중 하나야.
- **Mate**, long time no see! 야, 오랜만이야!
- **Mate**, what are you doing? 친구, 뭐하는 거야?

mate는 주로 남성들이 쓰는데 여성들도 가끔 사용합니다. 오직 남자나 남자사람 친구를 부르는 말로는 block, chap, fella, geezer, fellow 등이 있어요.

> ## 2
> # Hi, lovely!
> 안녕, 러블리(귀염둥이, 자기야)!

영국인들도 인사할 때 Hi나 Hello를 씁니다. 여기에 애칭으로 lovely를 붙이면 영국스러운 표현이 되죠. 여러 사람을 부를 때는 복수형으로 "Hi, lovelies.", "Hello, lovelies." 이렇게 말할 수도 있어요. 만약 영국스러운 단어를 딱 하나만 추천해달라고 한다면, 저는 주저 없이 lovely를 고르겠습니다. 영국 인사말에서도 빠질 수 없죠!

> **A Hi, lovely!** 안녕, 러블리!
> **B Hi, how's it going?** 안녕, 잘 지내니?

영국인들은 lovely를 다양한 상황에서 정말 자주 사용해요. great, good, excellent 대신 좋다는 뜻으로 쓰기도 하고, 일상적인 스몰토크에서도 자주 등장합니다. 특히 변화무쌍한 영국 날씨 덕분에 날씨 이야기가 대화의 단골 소재인데, lovely로 날씨도 표현할 수 있다는 거 아셨나요?

> **The weather is so lovely today.** 오늘 날씨 정말 좋다.
> **What a lovely day!** 날씨 진짜 좋다!

그뿐만 아니라, 맛있는 음식이나 디저트를 먹을 때, 예쁜 옷이나 멋진 풍경을 볼 때 등 lovely는 일상생활에서 아주 유용하게 쓸 수 있는 표현입니다.

How lovely! 너무 러블리하다!

She is so lovely. 그녀는 정말 사랑스러워.

It's really lovely to meet you. 만나서 정말 반가워.

---

3. Morning. / Afternoon. / Evening.
(아침/점심/저녁 인사) 안녕. 안녕하세요.

기초적인 단어들이지만, 정작 우리가 인사할 때는 잘 활용하지 못하는 표현이에요. 특히 저는 Afternoon을 들을 때마다 영국 영화 <브리짓 존스의 일기(Bridget Jones's Diary)>의 한 장면이 떠오릅니다. 브리짓(르네 젤위거)의 직속 상사가 회사에 느즈막히 출근해 그녀를 보며 "Afternoon, Bridget."이라고 인사하는 장면이죠.

영국에서만 쓰는 표현은 아니지만, 영국에서 거의 매일 들을 수 있는 인사말이니 Hi, Hello만 쓰는 게 지겹다면 활용해 보세요.

A **Morning, love?** 좋은 아침, 자기야?
B **Good morning! Ready for today?** 좋은 아침! 오늘 준비 잘했어?
A **Not quite, but see you in a bit.** 그다지… 암튼 이따 보자구!
B **Good luck.** 행운을 빌어.

Hiya!
안녕?

간단하면서도 당신을 단숨에 영국식 영어 사용자처럼 보이게 만들어줄 단어! 바로 Hiya![하이야]입니다.

한국에서도 "안녕"을 다양하게 변형해 "하이루", "안뇽", "안녕하삼", "안녕하슈"와 같이 쓰는 것처럼 영국에서도 Hi를 Hiya로 변형해 말하곤 하죠. Hiya는 비격식적인 표현이므로 주로 친구, 지인, 또는 일상에서 만나는 사람들에게 사용합니다. 카페 직원, 식당 직원, 슈퍼마켓 직원과의 가벼운 대화에서도 자주 들을 수 있는 인사 표현이에요.

A **Hiya!** 안녕하세요?

B **Hello!** 안녕하세요?

A **What can I get you today?** 오늘은 뭐로 드릴까요?

B **Fish and chips for takeaway, please!** 피쉬 앤 칩스 포장이요!

TIP ♥ 테이크아웃? TAKE AWAY?

한국에서는 주로 미국식 영어 표현인 '테이크아웃(take out)'을 많이 사용하지만, 영국에서는 take away라는 표현을 더 많이 씁니다. 영국 영화 <어바웃 타임(About Time)>의 마지막 장면에서 주인공 Tim이 카페에서 음식을 사면서 이 표현을 사용하죠. take away는 영국식 영어에서 음식을 포장 주문할 때 가장 흔히 쓰는 표현입니다. 말로 할 때는 상관없지만 글로 쓸 때는 띄어 쓰면 동사, 붙여 쓰면 명사가 됩니다.

> **5**
>
> # See you in a bit.
>
> 좀 이따 봐.

헤어질 때 쓰는 인사말로 친숙한 영어 표현인데, 영국식 영어답게 한 끗이 다릅니다. "See you later. / See you soon. / See you around."와 비슷한 의미인데, See you를 빼고 그냥 "In a bit."이라고도 말하죠.

여기서 a bit은 '약간, 조금'이라는 뜻인데, 이 표현에서는 짧은 시간을 나타냅니다. 주로 가까운 사이에서 잠깐 외출하거나 짧게 헤어질 때 쓰이는 인사입니다.

A What's the plan for later?   이따 뭐 할까?
B Let's meet at the cafe around 5.   5시쯤 카페에서 만나자.
A Ok, see you in a bit.   알았어, 이따 봐.

TIP ♥ 영국에서 자주 쓰는 BIT

영국에서는 bit이 미국 영어의 part나 point를 대신해 자주 사용됩니다. 예를 들어, 미국인들이 I love this part.(난 이런 점이 좋아.)라고 말할 때, 영국에서는 I love this bit. 또는 This bit is the best.라고 표현할 수 있습니다. 또한, bits and bobs라는 표현도 많이 사용되는데, 이는 '이런저런 것들'을 의미합니다.

6

Catch you later.
잘 가. 나중에 봐.

작별 인사로 자주 쓰이는 표현으로, 다음에 다시 만나기를 기대하는 의미도 담고 있어요. 주로 대화를 마치거나 이동할 때 사용하며, See you in a bit.이나 See you later.와 같은 의미입니다. 완전한 문장은 "I will catch you later."이지만, 간단히 "Laters."라고 줄여 말하기도 합니다.

A **I have to get going. Bye!** 나 간다. 바이!
B **Okay. Catch you later!** 알았어. 나중에 봐!
A **Laters!** 나중에 봐!

7

Have a lovely day!
근사한 하루 보내!

앞서 영국인들이 lovely라는 단어를 좋아한다고 했죠? 그래서 헤어질 때의 인사말에도 lovely가 빠지지 않습니다. Have a lovely day!는 영국에서 매우 흔히 사용되는 표현으로, 친구나 가족과 헤어질 때뿐만 아니라 가게나 카페에서 직원이나 손님에게 인사할 때, 그리고 이메일이나 편지 끝맺음에서도 자주 볼 수 있습니다.

미국 동부에 사는 친구에게 이 표현에 대해 이야기한 적이 있었는데, "Have a nice day!"나 "Have a good one!"은 흔히 들을 수 있어도 lovley가 들어간 표현은 한 번도 들어본 적이 없다고 하더군요. 확실히 lovely는 영국인들이 유독 선호하는 단어임이 분명합니다.

A **I would like to order a latte, please.** 라떼 한 잔 주문할게요.
B **Sure! 3 pounds 50. Have a lovely day!**
네! 3파운드 50펜스입니다. 러블리한 하루 보내세요!

> **TIP ♥ 영국 화폐 단위 PENCE**
>
> 영국에서는 pence(펜스)라는 작은 화폐 단위가 있어요. 예를 들어, £3.50(3파운드 50펜스)를 말할 때 굳이 pence를 붙이지 않고 "three fifty"라고 간단히 말합니다. 기억해두면 영국에 가실 때 유용하게 사용할 수 있어요!

lovely를 좀 더 다양한 상황에서 활용해볼 수도 있습니다.

Have a lovely holiday! 휴가 잘 보내!

Have a lovely rest of your day! 남은 하루도 러블리하게 보내!

Have a lovely weekend! 좋은 주말 보내!

Have a lovely evening! 러블리한 저녁 보내!

> **TIP ♥ 귀여운 영국슬랭 LOVELY JUBBLY**
>
> lovely jubbly[러블리 저블리]는 very good, excellent, great와 같은 의미입니다. 기쁠 때나 만족스러운 상황에서 긍정적인 리액션을 할 때 사용하는 익살스러운 표현으로, 80년대 영국 시트콤 <Only Fools and Horses(오직 바보와 말)>에서 주인공 Del Boy가 쓰면서 유명해졌죠. jubbly는 특별한 뜻이 없고 lovely와 라임을 맞춘 거예요.
>
> A We won the game! 우리가 이겼어요!
> B **Lovely jubbly**, that's fantastic news! 정말 기뻐요, 멋진 소식이에요!

Dialogue | 영국인들의 실제 대화 엿보기

A Hello, lovely! It's been a while,[1] hasn't it?

B Hi! Yes, it has. Quite busy[2] to be honest. How about you?

A Same here.[3] But I've just come back from my holiday.

B That's lovely! I thought you quit or something!

A Nope. Unfortunately! But one day…[4]

B Haha anyways. How lovely to see you again! But I've got to go now. Catch you later!

A Laters!

A 안녕, 러블리! 오랜만이야, 그렇지?

B 안녕! 응, 정말 오랜만. 나 사실 좀 바빴어. 너는 어땠어?

A 나도 바빴지. 하지만 방금 휴가에서 돌아왔어.

B 너무 좋네! 난 네가 그만두기라도 한 줄 알았어!

A 아니야. 아쉽게도! 하지만 언젠가는…

B 하하 아무튼. 다시 만나서 너무 반가워! 그런데 나 이제 가봐야 해. 나중에 보자!

A 나중에 봐!

💬 회화 포인트

1. **It's been a while.** (오랜만이야.)
   a while은 '꽤 오랜 시간'을 의미합니다. 오랜만에 만난 사람과 대화를 시작할 때 유용한 표현이에요.

2. **(I've been) Quite busy.** (요즘 꽤 바빴어.)
   영국인들은 quite라는 부사를 자주 씁니다. 강한 어조 없이도 really나 too처럼 '정말', '꽤'라는 강조의 뜻을 전달할 수 있어요.

3. **Same here.** (나도 마찬가지야.)
   상대방의 말에 공감하거나 동의할 때 간단히 사용할 수 있는 표현입니다. '나도 그래'라는 의미로, 캐주얼한 대화에서 유용합니다.

4. **But one day...** (언젠가는)
   구체적인 시점을 언급하지 않고도 희망적인 미래를 말할 때 유용합니다.

세상 젠틀한 [영국식 감사 표현]
02

British Gratitude

Manners maketh man.   매너가 사람을 만든다.

이 문장, 어디서 들어본 적 있으시죠?
영국 영화 <킹스맨: 시크릿 에이전트(Kingsman: The Secret Service)>에서 콜린 퍼스가 한 대사로 잘 알려진 말이에요. 이 짧은 한마디에 영국식 매너의 정수가 담겨 있죠.

영국 하면 자연스럽게 떠오르는 이미지 중 하나가 바로 '신사의 나라'인데요. 감사와 사과를 일상적으로 표현하는 문화 덕분에, 영국인들에게는 젠틀한 인상이 더 강하게 느껴지는 것 같아요.

여러분은 영어로 감사할 때 어떤 표현이 먼저 떠오르나요?
아마 "Thank you."나 "Thanks."가 가장 익숙할 거예요. 맞아요. 물론 저도 매일같이 사용하는 표현들이에요. 기본적이지만, 자주 쓰이기 때문에 영어 대화에서 빠질 수 없죠.

그런데요, 영국에서는 우리가 흔히 아는 표현 외에도 조금 색다르고 센스 있는 감사 표현들이 자주 들려요. 심지어 '이게 감사 표현이라고?' 싶은 말도 있답니다. 그런 표현들 속엔 영국 특유의 매너와 문화, 말투가 자연스럽게 녹아 있어요.

영국 드라마나 실제 회화 속에서 감사 표현 하나만 들어도 그 사람의 분위기, 말투, 태도가 전해지는 걸 느껴보셨나요?
여기서는 그런 '영국스러운 감사 표현'들을 하나씩 배워볼 거예요. 익숙한 표현도 다시 보고, 처음 듣는 표현도 하나씩 익히면서, 영어 실력뿐 아니라 감각까지 업그레이드되는 경험이 될 거예요.

영국식 매너가 궁금하다면, 이번 유닛 놓치지 마세요!

Expressions | 영국 현지 회화표현

1
Cheers!
고마워요!

Cheers!라면 술자리에서 건배할 때 사용하는 표현으로 익숙하시죠? 그런데 영국에서는 Cheers가 '고맙습니다, 감사합니다'라는 의미로도 쓰입니다. 소소한 도움을 받았거나 Thank you의 반복을 피하고 싶을 때 사용할 수 있는 표현으로, 영국에 가면 자주 들을 수 있어요.

단, Cheers는 캐주얼한 분위기의 일상 대화에서 사용하는 표현이에요. 친구나 직장 동료, 카페에서 잠시 마주친 바리스타와 대화를 나누는 그런 상황에서 편하게 사용할 수 있죠. "Okay, thanks. Cheers, bye.(알았어요. 고마워요. 수고하세요.)" 이렇게요! 하지만 격식을 갖추거나 예의를 차려야 하는 상황에서는 Cheers를 쓰지 않도록 주의하세요.

저도 처음 이 표현을 접했을 때, Thank you 대신 사용하는 것이 어색했는데, 영국인들은 "Cheers. Thank you." 또는 "Thank you, cheers."를 동시에 쓰기도 하며 감사 표현이 일상화된 모습이 흥미롭더라고요!

A **Here is your white coffee for you!** 여기 화이트 커피 있습니다!
B **Oh, lovely! Cheers!** 아, 우와! 고마워요!

2 Nice one!
고마워!

Nice one을 직역하면 '좋은 것, 좋은 물건'이라는 뜻이지만, 실제로는 Thank you 대신 사용할 수 있는 표현입니다. "Cheers! Nice one!"처럼 Cheers와 함께 사용해도 좋아요.

Nice one!은 상대방이 긍정적인 행동을 했거나 도움을 줬을 때 간단하면서도 친근하게 감사를 표현하는 방법이죠. 감사 표현 말고도 '잘했어!'라는 칭찬이나 격려, 또는 농담이나 비꼼 등 다양한 의미로 쓰입니다.

A **Here's the document you asked for.** 네가 부탁한 서류 여기 있어.
B **Nice one, mate. I owe you one.** 고마워, 친구. 신세졌다야~!

TIP ♥ 영국에서의 WHITE COFFEE란?

영국에서 '화이트 커피(white coffee)'라고 하면, 블랙 커피(아메리카노 또는 드립 커피)에 우유를 마지막에 살짝 섞은 음료를 의미합니다. 카페라떼와는 전혀 다른 음료이니, 영국에서 카페라떼를 마시고 싶다면 "Latte, please."라고 주문하세요!

Thank you very much indeed!
정말 고마워요! 진심으로 감사드립니다!

'정말로 감사합니다!', '진심으로 고맙습니다.'라는 뜻으로, 영국인들이 공손하게 감사를 전할 때 자주 사용하는 표현입니다. 예전에 영국의 할머니, 할아버지들이 많이 방문하는 티룸에서 아르바이트를 한 적이 있었는데, 그때 자주 오시던 한 할머니가 제가 서빙할 때마다 항상 "Thank you very much indeed."라고 말씀하셨던 게 생각나네요.

indeed는 '진정으로', '정말로'라는 의미로, 감사의 깊이를 강조하는 역할을 합니다. much indeed를 발음할 때는 단어를 하나씩 끊어 읽지 않고 [머천 디이드]처럼 부드럽게 이어주면 훨씬 자연스럽습니다. indeed는 "It was a wonderful day indeed.(정말 멋진 날이었어.)"와 같이 문장 끝에 붙여 의미를 강조할 때도 쓸 수 있어요.

A **These are the serviettes.** 자, 여기 냅킨입니다.
B **Thank you very much indeed!** 정말 고마워요!

> **TIP ♥ SERVIETTE의 의미와 유래**
>
> serviette은 '냅킨'을 의미하는 단어로, 프랑스어에서 유래했습니다. 영국에서는 serviette이 캐주얼한 자리에서, napkin이 공식적인 자리에서 더 자주 사용되는데요. 요즘은 구분이 거의 사라져, 영국에서 둘 다 널리 쓰이고 있습니다. serviette은 [써비엘]이라고 자연스럽게 이어서 발음하면 됩니다.

4. You are a legend!
너 정말 최고야! (고마워!)

legend는 '전설'이라는 뜻이지만, You are a legend.를 '너는 전설이야.'라고 직역해서는 안 됩니다. 이 표현은 Thank you 대신에 사용할 수 있는 감사 표현으로, 누군가 큰 도움을 줬거나, 특별한 일을 해냈을 때 극찬과 감사를 담아 사용합니다. (물론, Freddie Mercury is a legend.처럼 '전설'의 의미로 쓰일 때도 있어요.)

변형 표현으로 What a legend!도 있는데, 극찬과 감사를 더욱 강조한 감탄사이죠. 이 표현을 말할 때 legend에 힘을 주어 말하면 감정이 더 잘 전달돼요.

영화 <킹스맨: 시크릿 에이전트(Kingsman: The Secret Service)>에서 해리가 멋진 행동으로 에그시를 도왔을 때, 에그시가 "You are a legend, Harry!"라고 외치는 장면이 유명하죠.

A **Brilliant!! You are a legend! You fixed my computer so easily!** 와우! 너 최고다! 컴퓨터 진짜 쉽게 고쳤네!

B **No problem, mate! Easy-peasy, actually.**
에이 별거 아니야, 친구야! 식은 죽 먹기였어, 솔직히.

TIP ♥ EASY-PEASY의 의미

easy-peasy는 '아주 쉬운'이라는 뜻으로 쓰이는 귀엽고 캐주얼한 표현이에요. 주로 영국식 영어에서 자주 들을 수 있죠. peasy는 실제 의미보다는 운율을 살리기 위해 붙인 말장난 같은 단어고요. 여기에 더해 "Easy-peasy lemon squeezy!"라고 하면, '정말 식은 죽 먹기야!' 정도로 강조하는 표현이 돼요. lemon squeezy도 특별한 뜻보다는 리듬감 있게 끝맺기 위한 유쾌한 말장난이에요.

5

I owe you one (big time)!

정말 고마워! 신세졌어! (진짜로!)

누군가에게 도움을 받았거나 선물을 받은 후, 보답하고 싶은 마음을 표현할 때 쓰기 좋은 감사 표현입니다.

owe의 사전적인 의미는 '빚지다, 신세를 지다'로, I owe you one.은 '나는 네게 신세를 졌다'라는 뜻이 됩니다. 누군가에게 고마운 일을 겪었을 때 사용할 수 있는 표현이죠. "Cheers! I owe you one!", "Nice one! I owe you one."처럼 앞에서 배운 표현들과 함께 사용하면 더욱 자연스럽습니다.

A **Thanks for covering my shift yesterday. I owe you one big time.** 어제 내 교대근무 대신해줘서 고마워. 진짜로 신세졌어.

B **No worries! I didn't do much though.**
신경 쓰지 마! 별로 한 것도 없었어.

TIP ♥ BIG TIME의 의미와 사용법

big time의 원래 의미는 '성공'이나 '큰 무대'를 뜻하는데, 회화에서는 감정이나 상황의 정도·강도를 강조할 때 쓰는 구어체 표현이에요. 긍정이든 부정이든 '엄청나게', '완전히'라는 뜻으로 문장 끝에 부사처럼 자주 쓰입니다.

- You helped me out **big time**. 네 덕분에 진짜 큰 도움 받았어.
- He finally made it to the **big time**. 그는 마침내 성공의 반열에 올랐어.

6 I can't thank you enough!

어떻게 더 감사를 표해야 할지 모르겠어!

깊은 감사를 나타낼 때 사용하는 표현입니다. 말 그대로 '감사를 다 표현할 수 없을 정도로 고맙다'는 뜻으로, 상대방이 정말 큰 도움을 주었거나, 너무나도 고마운 행동을 했을 때 겸손한 마음을 담아 사용합니다. 단순히 Thank you 로는 부족하다고 느껴질 때 딱 맞는 표현이죠!

A   I can't thank you enough!
뭐라고 더 고맙다고 해야 할지 모르겠다, 진짜!

B   It's totally okay, mate. I didn't have much to do anyway.
완전 괜찮아, 친구야. 나 별로 한 일도 없었는 걸.

A   But you seriously saved my life.   그래도 진짜 덕분에 살았어.

B   Haha, stop it!   하하, 그만해!

TIP ♥ YOU SAVED MY LIFE.

또 하나의 놓칠 수 없는 감사 표현! 이 표현은 '너가 내 인생을 구했다'는 뜻으로, 긴급하거나 어려운 상황에서 누군가의 큰 도움을 받았을 때 사용하죠. 실제 생명을 구하는 상황이 아니더라도 일상 대화에서 '네 덕분에 살았어' 정도의 의미로 자주 쓰입니다.

7
That's so sweet of you to say.
너 말 참 스윗하게(다정하게) 한다!

누군가 칭찬이나 따뜻한 말을 건넸을 때 사용할 수 있는 표현입니다. sweet 대신 다른 단어로 문장을 다양하게 응용할 수도 있어요. 예를 들어, lovely를 넣으면 "That's so lovely of you to say.(너 말 참 사랑스럽게 한다.)"라는 칭찬이 됩니다. 또, nice(괜찮은), thoughtful(사려 깊은), kind(친절한), generous(너그러운) 같은 단어로 칭찬의 뉘앙스를 조정할 수 있죠.

반면, rude(무례한), insensitive(눈치 없는), awful(최악의) 등 부정적인 뉘앙스의 단어를 쓰면 정반대로 불쾌한 감정을 전달할 수도 있습니다. "That's so awful of you to say.(네 말 참 최악이다.)" 이렇게요. 이처럼 단어 하나만 바꿔도 감정과 의미가 확 달라지니, 상황에 맞게 활용해 보세요!

A How do I look today? 나 오늘 어때?

B Well, I was just going to tell you how gorgeous you look.
안 그래도 너 완전 아름답다고 말하려던 참이었어.

A Awww. That's so sweet of you to say.
아이, 너 말 참 스윗하게 한다.

B But it is so true! 아니 근데 진짜야!

TIP ♥ 감탄사 AWWWWW

Awwwww는 감동적이거나 긍정적인 상황을 표현할 때 사용하는 감탄사입니다. 누군가의 행동이 뿌듯하거나, 감동적인 장면을 보았거나, 아름다운 것을 접했을 때 자연스럽게 쓰이죠. w의 개수는 정해져 있지 않으며, 원하는 만큼, 표현하고 싶은 만큼 사용할 수 있어요!

Ta!
고마워!

Ta는 원래 어린아이들이 Thank you를 또렷하게 발음하지 못하면서 생긴 표현이라고 해요. 그런데 이 귀여운 말이 점차 어른들 사이에도 퍼지면서, 지금은 영국 전역에서 전 연령층이 쓰는 친근한 감사 표현이 되었죠.

특히 영국 북부 지역에서 더 자주 들을 수 있지만, 영국 어디에서나 알아들을 수 있는 표현이에요. Thank you보다 더 가볍고 따뜻한 느낌을 줄 수 있어요.

A I wrote an extra comment on the PPT. Hope that's helpful.
PPT에 코멘트 좀 더 넣어놨어. 도움이 되길.

B Ta! You are brilliant!
고마워! 역시 네가 최고다!

Dialogue | 영국인들의 실제 대화 엿보기

A So I've got something for you![1]

B Wow! What is this?[2]

A Well, you will see![3]

B No way! Are you sure?

A I thought you might need it.[4]

B You're an absolute star.

A Go on then, open it!

B **Cheers! I owe you one big time! You are a legend!**
   I'm chuffed to bits!

A Oh, stop it!—it's nothing, really.

A 자, 널 위해 준비했어.

B 와! 이게 뭐야?

A 음, 이제 알게 될 거야!

B 대박! 진짜야?

A 네가 그거 필요할 거 같았어.

B 너 진짜 멋지다.

A 자, 어서 열어봐!

B 아, 고마워! 진짜 신세졌다! 너 정말 최고야!

완전 감동이다!

A 에이, 그만해! 진짜 별거 아니야.

🗨 회화 포인트

1. **I've got something for you!** (널 위해 준비한 게 있어!)
   have got something for someone(~를 위해 뭔가를 마련했다)은 누군가를 위해 선물, 배려, 또는 깜짝 놀랄 무언가를 준비하거나 전달할 때 쓰는 표현이에요.

2. **What is this?** (이게 뭐야?)
   이 대화에서는 받은 물건이나 예상치 못한 상황에 대해 놀라움과 호기심을 나타내는 표현으로 쓰였어요.

3. **You will see!** (알게 될 거야!)
   '지금은 말 안 해주지만 곧 결과를 볼 거야'라는 의미를 담고 있는 표현이에요.

4. **I thought you might need it.** (네가 필요할 것 같았어.)
   상대방의 필요를 예상하고 배려하는 뉘앙스를 전달하는 표현입니다. '네가 이걸 원하거나 필요할 거라 생각했어'라는 뜻이죠.

British Suggestions

제안은 상대방과의 관계를 자연스럽게 이어주는 중요한 대화 요소죠. 그런데 같은 제안이라도 말투에 따라 인상이 완전히 달라지는 걸 느껴보신 적 있나요?

영국인과 미국인의 말투에는 흥미로운 차이가 있는데, 제안할 때도 그렇습니다. 예를 들어, 영국인들은 Why don't we ~?(우리 ~하는 게 어때요?), How about ~?(~하는 게 어때요?), Shall we ~?(우리 ~할까요?)처럼 배려와 정중함이 담긴 표현을 선호하는 경향이 있어요.

물론 미국에서도 이런 표현들을 쓰긴 하지만, "Do you want a coffee?(커피 마실래요?)", "Would you like a coffee?(커피 한 잔 드릴까요?)"처럼 좀 더 직접적인 말투가 익숙한 편이죠. 반면 영국에서는 "Would you care for a cup of tea?(차 한 잔 하시겠어요?)"처럼 보다 정중하고 부드러운 표현이 자연스럽게 들립니다.

영국식 제안에는 공통점이 있습니다. 상대가 거절해도 어색하지 않게 여운을 남기는 말투라는 점이죠. 그래서 Shall we ~? / Do you fancy ~? 같은 표현이 유독 자주 들립니다.

How do you fancy going out for a coffee?
커피 한잔하러 나가는 거 어때요?

Shall we head to the park?
공원으로 갈까요?

이처럼 영국식 제안은 조심스럽지만 자연스럽게 마음을 여는 말투입니다.

이번 유닛에서는 영국인이 일상에서 자주 사용하는 제안 표현들을 하나하나 살펴보며, 그 안에 담긴 영국 특유의 말투와 감성을 함께 느껴보려 해요.

Expressions | 영국 현지 회화표현

1

Fancy ~?
~할래?

Do you fancy ~?의 간편 버전입니다. Fancy ~?는 캐주얼하면서도 친근한 제안 표현으로, 상대에게 함께 어떤 행동이나 활동을 하자고 할 때 사용되죠. 동사로는 '~하고 싶다'는 의미를 가지며, 주로 친구나 가까운 사이에서 편하게 쓰입니다. 격식 있는 자리에서는 Fancy ~?보다는 Would you care for ~?와 같은 표현이 더 적합하죠. "Fancy a drink?(술 한잔 어때?)", "Fancy going for a walk?(산책 갈래?)"처럼 fancy 뒤에는 명사나 동명사(-ing형)가 올 수 있습니다.

A **Fancy a coffee?** 커피 한잔 할래?

B **Indeed!** 완전 좋지!

A **Fancy going for a stroll by the Thames?**
템즈강변 산책하는 거 어때?

B **That sounds lovely. Let's do it.**
좋아. 그러자.

TIP ♥ FANCY DRESS가 코스튬이라고?

영국에서 fancy dress는 할로윈이나 테마 파티에서 입는 코스튬 의상을 뜻합니다. 해리포터, 마블 캐릭터, 의사/간호사 복장 같은 게 여기에 해당하죠. 하지만 미국에서 fancy dress는 공식적인 자리에서 입는 드레스나 정장을 의미합니다. 같은 단어라도 영국과 미국에서는 완전히 다른 뜻으로 쓰이는 거죠.

2. How do you fancy ~?
~ 어때?

Fancy ~?보다 더 공손하고 부드러운 제안으로, 상대방의 의견을 물으며 자연스럽게 대화를 이어가는 표현입니다. 주로 친구, 동료 같은 가까운 관계에서 사용되며, 일상 대화에서 자연스러운 제안을 할 때 자주 쓰입니다. Fancy ~?가 간결하고 즉각적인 느낌이라면, How do you fancy ~?는 더 친절하고 상대방을 배려하는 뉘앙스를 담고 있죠.

A How do you fancy going for a pint after work?
퇴근 후에 맥주 한잔 어때?

B I wouldn't say no to that.
그건 거절 못하지.

3. What say we ~?
~하는 건 어때요?

What say we ~?는 Why don't we ~?(우리 ~할래?)처럼 함께 어떤 일을 하자고 제안할 때 쓰는 위트 있는 표현이에요. 살짝 연극적인 느낌을 주는 말투로, 영국에서도 일상 회화에서는 How about we ~?나 Why don't we ~?를 더 자주 사용해요.

A What say we pop down to the pub later?
이따 펍에 잠깐 들르는 거 어때?

B I'm up for it, let's go. 콜, 가자.

* pop down 잠깐 들르다

It might be an idea to ~
~하는 것도 좋을 거 같아

어떤 아이디어를 제안하고 싶지만 직접적으로 말하기 조심스러운 경우에 쓸 수 있는 표현입니다. 영국 사람들은 직설적으로 말하기보다 다소 돌려 말하는 경향이 있다고 알려져 있는데, 그런 대화 스타일을 반영한 표현이기도 하죠. 조금 더 직접적으로 말한다면 I think it's a good idea to ~(~하는 게 좋은 거 같아)처럼 표현할 수 있어요.

A It might be an idea to pop out for some fresh air.
잠깐 바람 좀 쐬고 오는 게 좋을 거 같은데.

B Could do. 그래도 되지.

* **pop** 영국식 영어에서 put, go 대신 캐주얼하게 쓰는 동사. 툭 놓거나 살짝 두는 것(put), 잠깐 어디에 가는 것(go)을 가볍게 표현.

TIP ♥ 영국적인 대답 COULD DO.

Could do.는 긍정적인 대답이지만 확신을 담지 않은 모호한 표현으로, 영국인 특유의 완곡한 대화 방식을 보여줍니다. 이는 Yes나 No를 명확히 하지 않으면서도 긍정적인 의사를 전달하려는 의도로 사용되죠. 이런 대답은 다른 나라 사람들에게 독특하게 느껴질 수 있어 종종 장난스럽게 언급되기도 합니다.

5 Could I tempt you with ~?

~에 관심 있으신가요?

상대방에게 어떤 제안을 할 때 살짝 유혹하는 뉘앙스를 담아 사용하는 표현입니다(tempt 유혹하다, 끌다). 주로 차나 디저트, 음료를 권할 때 많이 쓰이는데, 예의 바르고 부드러운 어조로 상대방의 기호를 존중하면서도 가볍게 유도하는 느낌을 준답니다. 미국식 표현보다 영국식 영어의 우아함을 느낄 수 있죠.

영국 드라마 <다운튼 애비(Downton Abbey)>에서도 자주 들을 수 있는 표현인데요. 귀족들이 손님에게 차나 디저트를 권할 때 이 표현을 씁니다. 시대극이라 현대에는 쓰지 않을 거라 생각할 수 있지만, 격식을 갖춘 자리에서는 종종 쓰이며, 우아한 느낌을 살리면서 유머러스하게 활용하는 경우도 있답니다.

A **Could I tempt you with a cup of tea?** 차 한 잔 어떠세요?
B **That would be lovely, thank you.** 아주 좋을 것 같네요, 고마워요.

*lovely 아주 좋은, 사랑스러운

6 Care for ~?

~을 원하세요? ~하실래요?

상대방에게 친절하고 정중하게 뭔가를 제안하거나 제공할 때 사용하는 표현입니다. 주로 식사나 음료를 권할 때 쓰이죠. Would you care for ~?가 본래 표현이지만, 줄여서 Care for ~?라고도 씁니다.

일반적으로 우리는 Do you want ~?(~할래?)라는 표현을 많이 듣고 사용하는데요. Care for ~?를 사용하면 상대방의 의사를 묻는 동시에 존중하는 뉘앙스를 담고 있어, 예의 바르고 공손하게 들립니다. 이 표현은 격식 있는 자리에 더 적합하죠. <더 크라운(The Crown)>에서 여왕이 손님에게 "Care for a cup of tea?(차 한 잔 하시겠어요?)"라고 차를 권하는 장면이 등장하기도 합니다.

A **Care for** some pudding after dinner?
저녁 먹고 후식 어떠세요?

B **Certainly! I would not want to skip dessert.**
당연하죠! 후식을 빼먹을 순 없죠.

TIP ♥ PUDDING의 영국식 의미

영국에서 pudding은 단순히 찰랑거리는 디저트를 의미하지 않습니다. 영국에서는 식사 후에 먹는 전통적인 단 음식을 가리키며, 때로는 따뜻한 디저트를 포함하기도 합니다. 하지만 요즘에는 dessert라는 표현도 많이 사용됩니다.

A Care for some sticky toffee **pudding**?
스티키 토피 푸딩 어떠세요?

B That sounds delightful!
정말 맛있겠네요!

7

Do you reckon we should ~?

~하는 게 좋을까요? ~라고 판단하나요?

reckon은 '~라고 생각하다, 판단하다'는 뜻으로, 영국 영어에서 think 대신 자주 쓰는 표현이에요. Do you reckon we should ~?는 상대의 의견을 가볍게 물을 때 쓰며, 부드럽고 친근한 말투입니다. 격식 있는 자리에서는 Do you think we should ~?가 더 어울리죠. 대답할 때는 I reckon ~처럼 이어서 말할 수 있어요.

A **Do you reckon we should bring an umbrella, just in case?**
혹시 몰라서 그러는데 우산을 챙기는 게 좋겠지?

B **Yeah, I reckon we should! The weather has been so unpredictable.** 응, 그러는 게 좋을 거 같아! 요즘 날씨가 너무 오락가락해.

＊just in case 혹시 모르니까, 만일의 경우에 대비해

Are you up for ~?

~할 기분이야? ~할래?

be up for는 어떤 일에 참여할 생각이 있거나, 그럴 기분이 있을 때 쓰는 표현이에요. 가볍게 제안하거나, 도전이나 활동을 권할 때 자주 사용됩니다. 부담 없이 말 걸고 싶을 때 자연스럽게 쓰기 좋아요.

A **Are you up for a challenge?** 도전해볼래?

B **Sure, why not? Let's do it!** 좋아, 해보자!

Dialogue  영국인들의 실제 대화 엿보기

A **Do you reckon we should** discuss this over lunch?

B Absolutely. **How do you fancy** a French restaurant on High Street?

A That sounds lovely.
   Would you care for a tea afterwards?

B Certainly. **What say we** make a move[1] there around one-ish?[2]

A Perfect. I'll wrap things up[3] here and meet you out front.

B Brilliant.[4] Looking forward to it—I've heard the soufflé there is amazing.

A 점심 먹으면서 이 얘기하는 게 좋을까요?

B 좋죠. 하이 스트리트에 있는 프렌치 레스토랑 어때요?

A 좋아요.

식사 후에 차 한잔 하실래요?

B 물론이죠. 한 시쯤 가는 건 어때요?

A 좋아요. 여기 일 좀 마무리하고 앞에서 뵐게요.

B 완벽하네요. 거기 수플레가 그렇게 맛있다던데 기대돼요.

 회화 포인트

1. **make a move** (출발하다, 슬슬 가보다)
   어딘가로 이동하거나 자리를 뜰 때 쓰는 표현이에요. 특히 식사 후나 약속 장소로 이동할 때 "슬슬 가볼까?"처럼 부드럽게 말할 수 있어요. 영국식 대화에서 자주 들을 수 있는 말이죠.

2. **one-ish** (한 시쯤)
   시간 표현 뒤에 -ish를 붙이면 '~쯤'이라는 뜻이 돼요. one-ish는 한 시쯤, five-ish는 다섯 시쯤이라는 식이죠. 영국 구어체에서 자주 쓰이며, 정확한 시간을 말하기 애매할 때 편하게 사용할 수 있어요.

3. **wrap things up** (일을 마무리하다)
   무언가를 끝내거나 정리한다는 뜻이에요. 회의, 업무, 대화 등 다양한 상황에서 쓰이며, 자연스럽게 다음 행동으로 넘어갈 때 자주 쓰죠. 공손하면서도 실용적인 표현이에요.

4. **Brilliant.** (좋아요. 완벽해요.)
   영국에서 아주 자주 쓰이는 긍정 표현이에요. 미국식의 Great. / Awesome.과 비슷하지만, 더 부드럽고 세련된 느낌이 있어요. 상대의 제안에 기분 좋게 응답할 때 자주 쓰여요.

04 돌려 말하는 [영국식 거절]
British Refusals

거절해야 할 상황에서 어떤 표현이 가장 먼저 떠오르시나요?
"No"? 아니면 조금 더 부드럽게 "I don't think so"?

이번 시간에는 딱 잘라 거절하기보다, 더 정중하고 예의 바르게 거절하는 법을 배워볼 거예요. 바로 '영국식 거절'입니다.

영국에서는 직설적인 표현이 자칫 무례하게 들릴 수 있기 때문에, 직접적으로 "싫어요"라고 말하는 대신, 완곡어법을 활용해 부드럽게 표현하는 문화가 발달했어요. 예를 들어, "I'm not sure it's the best idea.(그게 최선인지는 잘 모르겠네요.)"나 "I'd love to, but…(정말 그러고 싶지만요…)"처럼, 거절이지만 부담스럽지 않게 들리도록 말끝을 조심스럽게 마무리하죠.

이런 표현들은 격식을 차리는 자리뿐 아니라, 일상 대화에서도 자주 등장해요. 정중하게 거절하면서도 관계를 이어가는 데 아주 효과적이죠.

하지만 너무 돌려서 말하면, 때로는 '이게 거절이라는 거야, 뭐야…?', '결국 하라는 거야, 말라는 거야? 뭘 어쩌라는 거지?' 하고 헷갈릴 때도 있을 거예요.

걱정 마세요! 지금부터 영국식 거절 표현의 비밀을 하나하나 풀어드릴 테니, 딱 집중해서 따라와 주세요! 이번 유닛을 다 보고 나면, 이제 여러분은 '싫다'는 말도 기분 좋게 전할 수 있게 될 거예요.

Expressions | 영국 현지 회화표현

> **1**
> ## Terribly sorry. / Awfully sorry.
> 대단히 죄송합니다.

첫 번째 거절 표현은, 사과할 때 자주 쓰는 sorry에 단어 하나가 더해져, 한 끗 차이로 영국스럽게 변한 표현입니다.

terribly는 '끔찍하게, 몹시', awfully는 '매우, 극도로'라는 의미를 가진 부사입니다. 이 부사들이 sorry 앞에 붙으면, 훨씬 정중한 거절과 사과의 표현이 됩니다. 간단한 표현이지만, terribly와 awful이 들어가면 정반대 의미로 착각할 수도 있으니 잘 기억해 두세요.

저도 영국에 처음 갔을 때 "Terribly sorry."라는 말을 들은 적이 있습니다. 처음엔 terribly만 듣고 '뭐야? (욕하는 건가)' 하고 당황했지만, 상대방이 미간을 찌푸리며 굉장히 미안해 하는 모습을 보고 정중한 사과임을 이해했던 경험이 있어요.

A Can you attend the meeting tomorrow?
내일 회의에 참석할 수 있나요?

B **Terribly sorry,** I'm afraid I won't be able to make it.
정말 미안해요, 유감스럽게도 갈 수가 없어요.

* **make it** (별탈 없이 무사히) 약속장소에 도착하다

2

I'm good. / I'm alright.

괜찮아요.

'이게 거절하는 말이라고?' 의아하실 수 있는 표현이죠.

예를 들어, "Do you want me to hold your hand?(손 잡아 드릴까요?)"라는 질문에 I'm good. 또는 I'm alright.이라고 대답하면 무슨 뜻일까요? good과 alright이 '좋아, 괜찮아'라는 뜻이니까 "그래, 손 잡아줘." 이런 의미일까요? 아닙니다, 여러분:)

"나는 지금 이 상태가 좋아/괜찮아. 그러니까 괜찮아 (거절할게)."라는 의미로 이해해야 해요. 헷갈릴 수 있지만, 딱 잘라 "No!"라고 하는 것보다 상대의 기분을 배려한 정중한 거절 표현이니 기억해 두세요.

A Would you like a slice of lemon cake?
레몬 케이크 한 조각 먹을래요?

B I'm alright. I've just had a massive sarnie.
괜찮아요. 방금 엄청 큰 샌드위치를 먹었거든요.

TIP ♥ WHAT'S A "SARNIE"?

sarnie는 영국에서 샌드위치를 비격식적으로 부르는 표현입니다. 특히 점심 메뉴로 샌드위치를 즐길 때 자주 쓰이며, 친근한 대화에서 많이 등장합니다.

- I'll grab a **sarnie** for lunch. 점심으로 샌드위치 하나 먹을 거야.

I'd love to, but...

좋긴 한데… (별로 하고 싶지 않아요)

이 표현은 "좋아요!"라기보다는 "좋긴 한데… 쩜쩜쩜(…)" 이런 뉘앙스를 담고 있어요. 바로 "No!"라고 거절하기 어렵거나 직접적으로 말하기가 망설여질 때, 일단 "나 너무 좋다"라고 말하면서 상대방의 기분을 상하지 않게 거절할 준비를 하는 거죠.

즉, I'd love to, but...(정말 그러고 싶지만)으로 시작한 뒤 미안하지만 거절하는 이유를 덧붙이는 것이죠. 예를 들어, 누군가 함께 놀자고 했는데 너무 피곤하다면 I'd love to, but I feel a bit rough today.(너무 좋긴 한데, 오늘 좀 피곤해.)"라고 말할 수 있습니다.

영국에서는 이렇게 거절하기 전에 밑밥, 즉 완곡한 표현을 깔아두는 방식을 자주 사용합니다. 딱 잘라 말하기 애매할 때, 아쉬움을 전하며 거절하는 센스 있는 표현이겠죠?

A **Would you like to join us for dinner tonight?**
오늘 저녁식사 함께 할래요?

B **I'd love to, but I'm tied at work.**
그러고 싶지만, 일이 바쁘네요.

* **tied at work** 일에 꽉 묶여 바쁜 상태를 나타내는 표현

4 You're having a laugh!
장난이지?

이번 표현은 정말 재미있는 표현인데, 영어를 그대로 해석하면 의미를 유추하기 어려울 수 있어요. "You're having a laugh!"를 직역하면 '너 웃고 있어!'가 되지만, 이렇게 해석하면 안 돼요. 거절해야 하는 상황에서 "너 웃고 있어."라고 말하는 건 이상하겠죠? ㅎㅎ

이 표현은 "너 지금 되게 웃긴다.", "지금 장난해?"라는 의미로, 믿기 어려운 상황이나 황당한 요청에 당황했을 때 사용할 수 있어요. 예를 들어, 내가 경제적으로 너무 힘들어서 돈이 없는 상황인데, 내 사정을 잘 아는 친구가 갑자기 돈을 빌려 달라고 한다면? "You're having a laugh!(너 지금 장난해? 농담이지?)"라고 말할 수가 있어요.

> A **Can you lend me a thousand pounds?**
>   천 파운드 빌려줄 수 있어?
>
> B **You're having a laugh! I'm too skint.**
>   지금 장난해? 나 완전 거지야.

TIP ♥ SKINT와 영국식 돈 관련 표현

skint는 영국에서 '거지인', '돈이 한 푼도 없는'이란 뜻으로 쓰이는 표현이에요. 정말 경제적으로 힘든 상태를 나타낼 때 사용하죠. 비슷한 표현으로 flat broke(완전히 빈털터리인), penniless(한 푼도 없는), brassic(거지 같은 상태인), bones of my ass(완전 거지 상태, 극단적으로 가난함) 같은 표현도 있습니다.

- Sorry, I can't come out tonight. I'm **skint**. 미안, 오늘밤엔 못 나가. 나 완전 거지야.

5. It's not my cup of tea.

내 취향이 아니에요.

직역하면 '이건 내 차(tea)의 컵이 아니다'라는 이상한 문장이 되지만, 실제 의미는 '내 취향이 아니다'라는 뜻입니다. 이 표현은 차(tea) 문화가 깊이 자리잡은 영국에서 유래한 관용구로, 마치 우리가 믹스커피를 만들 때 각자 선호하는 비율이 있는 것처럼, 영국에서도 사람마다 좋아하는 차의 맛과 스타일이 다르다는 개념에서 나온 표현이에요.

설탕과 우유의 양을 조절해 나만의 스타일을 만드는 것처럼, "이건 내가 좋아하는 스타일이 아니야."라고 말하고 싶을 때 사용할 수 있어요. 이처럼 관용구를 많이 알고 활용하는 것은 네이티브처럼 자연스러운 영어를 구사하는 중요한 비결이랍니다.

A This one is so good! Would you like to have a bite?
이거 진짜 맛있다! 한 입 먹어볼래?

B Nah, it's not my cup of tea. 아니, 내 취향은 아니라서.

TIP ♥ 취향이 아니어도 정중하게 말해요

영국 사람들은 싫다는 말을 직접적으로 하지 않는 편이에요. 그래서 It's not my cup of tea.처럼 돌려 말하는 표현을 자주 사용하죠.

- I'm not really into it. 그건 별로 좋아하지 않아.
- It's not quite for me. 나한텐 좀 안 맞아.
- I'd rather pass. 나는 사양할게.

싫다고 말할 때도 부드럽고 예의 있게 말하는 게 영국식 말투의 특징이에요.

6
I'd rather not.
사양할게.

I'd rather not.은 영국에서 공손하게 거절할 때 자주 사용하는 표현입니다. 직역하면 '차라리 안 하겠어'라는 뜻이지만, 실제로는 "사양할게.", "그만두는 게 좋겠어." 같은 부드러운 거절의 의미로 쓰여요. 단순히 No라고 직설적으로 거절하는 대신, 이 표현을 사용하면 더 완곡하고 예의 있게 거절할 수 있습니다. 단호하지만 정중한 거절 표현이니 기억해 주세요.

"I'd rather not go.(안 가고 싶어.)"처럼 뒤에 구체적인 내용을 동사원형으로 붙여 말해도 좋습니다.

A They are on a pub crawl. Shall we join?
걔네 펍 크롤 중이래. 갈래?

B I'd rather not, thanks though. 고맙지만, 사양할게.

TIP ♥ PUB CRAWL이란?

pub crawl에서 crawl은 원래 '기어가다'라는 뜻이지만, 여기서는 여러 펍(pub)을 돌아다니며 술을 마시는 문화를 말해요. 마치 한국의 1차, 2차, 3차 술자리 문화처럼, 영국에서는 친구들과 함께 여러 펍을 옮겨 다니며 술을 즐기는 것을 pub crawl이라고 합니다. 이런 경우, 미국에서는 보통 bar hopping이라고 하죠.

영국에서 펍은 단순한 술집이 아니라 지역 사람들의 모임과 여가를 즐기는 사교 공간입니다. 식사, 술, 축구 경기 관람, 퀴즈 나이트 등 다양한 활동이 이곳에서 이뤄집니다. 단골 펍을 second home(두 번째 집)이라 부를 만큼 영국인들에게 펍은 특별한 장소이죠.

Dialogue

A Do you fancy trying the new jazz café tonight?

B I'd love to...but it's not my cup of tea.

A Fair enough.[1] How about a pub with gigs[2] nearby?

B Sounds good, but I might be late.
   I've got a meeting first.

A No worries.[3] Shall I book a table?

B I'd rather not commit[4] yet though.

A 오늘밤 새로 생긴 재즈 카페 가볼래?

B 좋긴 한데… 내 취향이 아니야.

A 알겠어. 그럼 근처 라이브 펍은 어때?

B 좋아, 근데 조금 늦을지도 몰라.
먼저 미팅이 있어.

A 괜찮아. 내가 예약할까?

B 그래도 아직 확답을 줄 수가 없네.

🎈 회화 포인트

1. **Fair enough.** (알겠어. 그럴 만도 해.)
   상대방의 의견이나 상황을 이해하고 받아들일 때 사용하는 표현입니다. 짧지만 공감과 이해를 표현하는 데 효과적이에요.

2. **gig** (작은 라이브 공연)
   영국에서 gig은 보통 작은 라이브 음악 공연을 의미합니다. concert라고도 할 수 있지만, gig은 주로 펍이나 바처럼 비교적 협소한 장소에서 열리는 비공식적인 공연을 말해요. 반면, concert는 대규모 공연장에서 열리는 경우가 대부분이죠.

3. **No worries.** (괜찮아. 걱정하지 마. 신경 쓰지 마.)
   상대방의 사과나 우려를 가볍게 받아들이며 안심시키는 표현입니다.

4. **commit** (확답하다, 약속하다)
   '확실히 약속하다'라는 뜻으로, 아직 결정을 내리지 않았을 때 사용하기 좋은 단어입니다. "I'd rather not commit yet.(아직 확답하기는 어렵네.)"처럼 거절의 뉘앙스를 부드럽게 전달할 때 유용합니다.

British Special

 Weather | 변화무쌍 영국 날씨

영국은 비가 자주 오는 나라로 유명하죠. 그 덕분에 사계절 내내 푸른 잔디와 울창한 나무가 가득하고, 시골 전경도 참 아름다워요.

그런데 의외로, 영국 사람들은 웬만한 비에는 우산을 쓰지 않죠!
왜 그럴까요? 한국의 장맛비처럼 굵고 한 번에 많이 오는 비와 달리, 영국의 비는 가늘고 잦게 내리는 경우가 많고, 바람도 많이 불어요. 비가 갑자기 내렸다가 금세 그치기도 하고, 비바람이 옆에서 몰아쳐 우산을 써도 다 젖는 경우가 흔하죠. 그래서 대부분의 영국인은 우산 대신 방수 재킷이나 모자로 대비하곤 합니다.

이런 환경에 맞춰 탄생한 대표적인 브랜드가 바로 Barbour(왁스 재킷)와 Hunter(장화)예요. 비 오는 날씨에 적응한 영국인의 라이프스타일이 패션에도 자연스럽게 반영된 셈이죠.

'비' 관련 영국식 표현 모음

표현	뜻 (지역)
shower	짧고 가볍게 내리는 소나기
drizzling	이슬비처럼 가는 비
tipping down	비가 세차게 쏟아지는 상태
spitting	빗방울이 약하게 툭 떨어지는 상태
drenched	비에 흠뻑 젖은 상태

표현	뜻 (지역)
picking	약하게 부슬부슬 내리는 비 (웨일스)
mizzle	안개처럼 부슬부슬 내리는 비 (남서부)
smirr	아주 가는 비 (스코틀랜드)
stoating	비가 세차게 내리치는 상태 (스코틀랜드)
raining upwards	바람에 비가 위로 튀는 듯한 상황
coming down in stair rods	장대처럼 곧고 세차게 퍼붓는 비 (북부)
raining cats and dogs	비가 억수로 퍼붓는 상황
Don't forget your brolly!	우산(brolly) 꼭 챙겨!
nice weather for ducks	오리에게 딱 좋은 날씨 = 비 많이 오는 날
It's raining sideways	바람에 비가 옆으로 몰아치다
The heavens have opened	갑자기 비가 쏟아지는 상황
It's pissing (it) down	비가 퍼붓듯이 내리다 (비격식)
It's lashing (it) down	비가 세차게 퍼붓다 (비격식)

"감정도 격조 있게, 은근하게 말하는 영국식 정서!"

영국식 감정 표현은 격하지 않습니다. 대신 우아하고 절제된 말투로 상대방의 감정을 배려하죠. 이 파트에서는 감탄사부터 기쁨, 슬픔, 분노까지 다양한 감정을 어떻게 영국식으로 표현하는지 배웁니다. 단어 하나, 억양 하나에도 품위와 절제가 묻어나는 영국식 감정 표현을 익히면, 영어로 말하는 감정의 깊이가 달라집니다.

PART 2

FEEL
감정을 말하는
영국식 표현

British Exclamations 1

영국 드라마나 영화를 보다 보면 주인공들이 "Oh my God!" 대신 "Bloody hell!"이나 "Blimey!" 같은 감탄사를 터뜨리는 장면, 종종 보셨을 거예요. 그런데 이런 표현들, 단순히 "맙소사!", "젠장!" 같은 말로 번역하기엔 뉘앙스가 조금씩 다릅니다.

한국어에도 "헐!", "세상에!", "어머나!" 같은 다양한 감탄사가 있듯이, 영국식 영어에도 영국 특유의 말투와 문화가 녹아든 감탄사가 참 많아요. 이번 시간에는 그 중에서도 영국인이 일상에서 자주 쓰는 대표적인 감탄사들을 함께 배워볼 거예요.

감탄사(interjection)는 우리가 놀랐을 때, 실수했을 때, 당황했을 때, 혹은 감정이 북받칠 때 가장 먼저 튀어나오는 말이죠. 그런 만큼 말하는 사람의 성격이나 분위기, 감정 상태가 고스란히 드러납니다. 특히 영국식 감탄사는 단어 하나만으로도 특유의 위트나 정중함, 혹은 살짝 과장된 반응까지 자연스럽게 표현할 수 있죠.

예를 들어, 실수했을 때 "Oopsy-daisy!"처럼 귀엽게 넘기기도 하고, 안타까운 상황에서는 "Oh dear."로 공손하게 반응하기도 해요. 놀람과 당황이 섞인 순간엔 "Blimey!"를, 감정이 격해질 땐 "Bloody hell!" 같은 좀 더 강한 표현도 씁니다.

이번 유닛에서는 그런 '영국스러운 감탄사'들을 상황별로 정리해 드릴게요. 듣기만 해도 '영국 느낌'이 물씬 나는 표현들, 하나씩 익혀두면 감정을 훨씬 더 생생하게 표현할 수 있을 거예요. 말투와 어휘에 감정의 결까지 담아내는 영국식 감탄사, 지금부터 함께 배워봐요!

Expressions | 영국 현지 회화표현

05-1.mp3

1

Oopsy-daisy.
아이쿠 이런! 어머나!

Oops!(아이고, 에구머니나!)라는 감탄사는 익숙하실 텐데요. Oopsy-daisy는 [웁시 데이지]로 발음되며, Oopsy는 Oops를 귀엽고 친근하게 변형한 표현이에요. 우리말의 "아이쿠" 정도로 생각하면 됩니다. 여기서 daisy(데이지)가 붙은 이유는 끝소리의 라임(rhyme)을 맞춰 발음이 더 리드미컬하게 들리도록 하기 위해서인데, 덕분에 이 표현이 더 영국적인 느낌을 줍니다.

Oopsy-daisy는 큰일이 아닌, 가벼운 실수나 당황스러운 상황에서 주로 사용됩니다. 예를 들어, 물건을 떨어뜨렸거나 글자 하나를 깜빡했을 때 "Oopsy-daisy!"라고 말하며 상황을 부드럽게 넘길 수 있죠. 특히 영국에서는 아이들이 넘어졌을 때 "Oopsy-daisy!"라고 말하며 "괜찮아, 일어나 보자!"라는 뜻으로 자주 써요. 친근하고 따뜻한 말투가 담긴 표현이라, 아이들뿐 아니라 일상 대화에서도 가볍게 웃으며 사용되는 경우가 많습니다.

A Oopsy-daisy, I dropped the vase!
아이쿠 이런! 꽃병을 떨어뜨렸어요!

B Thank goodness it's only plastic!
플라스틱인 게 얼마나 다행이야!

* **vase** 꽃병. 영국식 [vɑːz 바-즈] / [vɑːs 바-스], 미국식 [veis] / [veiz]

2. Oh, dear!
이것, 참!

Dear 하면 Dear Heea, Dear Kate처럼 편지의 첫머리에 쓰이는 표현으로 친숙할 텐데요. dear는 darling, sweetheart처럼 애칭이 될 수도 있고, loved(사랑하는)의 의미도 가질 수 있습니다. 그런데 "Oh, dear!"라고 하면 "아이구!", "세상에!", "큰일이다!", "어떡하지!" 같은 놀라움이나 실망의 감정을 나타내는 감탄사가 됩니다. 같은 단어라도 상황에 따라 의미가 달라질 수 있다는 점이 흥미롭죠.

"Oh, dear!"는 주로 부정적인 상황에서 안타까움, 놀라움, 실망, 당황, 걱정 등을 나타낼 때 쓰입니다. 예를 들어, 친구가 안 좋은 소식을 전할 때 "정말 안됐구나!"라는 의미로, 뭔가 잘못되었을 때 "이걸 어떻게 해결해야 하지?"라는 의미로 쓸 수 있죠. 완곡하고 공손한 감탄사라 다양한 상황에서 무난하게 사용할 수 있지만, 깜짝 놀랄 정도의 큰 사건에는 이보다 더 강한 감탄사가 필요할 수도 있습니다.

A **Oh dear! I've forgotten my homework!** 이것 참! 숙제를 깜빡했어.

B **Well done... Today is the last day. You are in so much trouble!** 잘~했네… 오늘까지잖아. 너 큰일났다!

> **TIP ♥ 영국식 SARCASM 표현**
>
> 앞의 예문에 쓰인 "Well done."은 "잘했어!"라는 칭찬이 아니라, 비꼬는 의미로 쓰였어요. 영국식 대화에서는 sarcasm(비꼼, 풍자)이 흔하게 사용되는데, 가벼운 비꼼을 통해 친근하게 농담을 주고받는 방식이에요. 상황이나 말투를 잘 살펴서 말의 의도를 정확히 파악하는 것이 중요하죠.

Blimey!
맙소사!

Blimey!는 놀라움(surprise)이나 당황스러움, 화(anger)를 표현할 때 쓰는 영국식 감탄사입니다. 보통 경외감이나 경이로움을 동반한 놀라움을 나타낼 때 사용되며, 예상치 못한 상황에서 자연스럽게 튀어나오는 표현이죠.

예를 들어, 예상하지 못한 사람을 집에서 마주쳤을 때 "Blimey! What are you doing here?(맙소사! 너 여기서 뭐해?)", 또는 친구의 농담이 너무 그럴 듯해서 깜박 속았을 때 "Blimey! I thought you were serious!(맙소사! 나 진짜인 줄 알았어!)"라고 할 수 있죠. 상황에 따라 감정의 강도를 조절해 말할 수도 있어요. 놀라운 소식을 들었을 때는 가볍게 "Blimey!"라고 말할 수 있지만, 화가 났을 때는 더 강한 톤으로 말할 수도 있습니다.

이 표현은 God blind me!에서 유래된 말로, Bloody!처럼 거칠지 않고 더 완곡하게 들립니다. 일상 대화에서도 부담없이 쓸 수 있죠.

A Blimey! Adele's concert tickets are already sold out!
맙소사! 아델 콘서트 티켓이 벌써 매진됐어!

B I knew we're not going to make it!
못 구할 줄 알았는 걸 뭐!

4

Bloody hell!
이런 젠장! 빌어먹을!

영국 드라마를 보다 보면 bloody라는 표현을 자주 들을 수 있는데요. 실제로 영국인 친구들과 대화하다가 이 표현을 사용하면 "너 진짜 영국인처럼 말한다!"라는 말을 들을 정도로 영국적인 표현이에요.

bloody는 원래 '피투성이의'라는 뜻이지만, "Bloody hell!"의 bloody는 그런 의미가 아니라 "빌어먹을!" 정도로 해석됩니다. 이 표현은 강한 감정을 강조하는 영국식 비속어로, hell도 '지옥'이라는 뜻이지만, 여기서는 단순한 강조 표현이에요.

그렇다고 Bloody hell!이 꼭 부정적인 의미로만 쓰이는 건 아닙니다. 상황에 따라 그저 놀라움을 표현하는 감탄사로 쓰이기도 하고, 때로는 긍정적인 상황에서도 감탄의 의미로 사용될 수 있어요.

A Just wait till we reach the viewpoint.
전망대까지만 가 보자.

B Bloody hell... Look at that view!
와… 저 경치 좀 봐!

종종 "bloody는 아무 상황에서나 써도 되나요?"라는 질문을 받는데, bloody는 어떤 사람에게는 강하고 무례하게 들릴 수 있기 때문에 공식적인 자리나 예의를 차려야 하는 상황에서는 피하는 것이 좋아요. 가깝고 친한 친구들끼리 편한 대화에서 쓸 수 있어요.

A **Bloody hell! I missed the last bus again!**
 이런 젠장! 마지막 버스를 또 놓쳤어!

B **Don't worry, we still have a night bus!**
 걱정 마, 나이트 버스가 있잖아!

TIP ♥ NIGHT BUS란?

영국에서도 한국처럼 심야 시간대에 운행되는 버스를 night bus라고 해요. 런던에서는 보통 'N'으로 시작하는 번호(N15, N29 등)로 표기되며, 매일 밤 운행되지만, 특히 금요일 밤~토요일 새벽에는 수요가 많아 더 자주 다녀요. 지하철이 끊긴 후 야근자, 파티족, 관광객들이 많이 이용하고요. 주의할 점은, 같은 노선이라도 낮과 밤에 경로가 달라질 수 있으니 꼭 확인하고 타야 한다는 것!

5 Bleeding hell! / Blooming hell!
이런 젠장! 이런 된장!

이 표현들은 "Bloody hell!"의 순화된 버전이라고 볼 수 있어요. Bloody hell!이 불편하게 들릴 수 있는 상황에서는 "Bleeding hell!" 또는 "Blooming hell!"로 대신 표현할 수 있습니다. bleeding은 bloody의 변형으로, 비슷한 강조 의미를 담고 있는데 말이 조금 더 부드럽죠.

놀라운 소식을 들었거나 갑작스러운 문제가 생겼을 때, "Bleeding hell!"이라고 할 수 있습니다. Blooming hell!은 Bleeding hell!보다 더 순화된 느낌을 주며, 예상치 못한 상황이나 약간 짜증나는 일이 생겼을 때 사용할 수 있어요.

이 표현들은 모두 비속어로 분류되지만, Bloody hell!보다는 덜 공격적이고 친밀한 상황에서 사용하기 적절해요. 하지만 공식적인 자리에서는 사용하지 않는 것이 좋겠죠?

A **Bleeding hell! My mobile's cracked!**
이런 젠장! 내 폰 금갔다!

B **Oh dear. That doesn't look good.**
어머. 안 좋아 보이네.

A **Blooming hell! I'm late for work!**
이런 된장! 회사에 늦겠어!

B **Have you forgotten that summer time started? Calm down.**
서머타임 시작된 거 잊었어? 진정해.

TIP ♥ 서머타임(SUMMER TIME)이란?

영국에서는 여름철 낮이 길어지는 것을 활용해 시계를 1시간 앞당기는 Summer Time 제도, 즉 British Summer Time (BST)을 시행해요.
매년 3월 마지막 일요일에 시작돼 10월 마지막 일요일까지 이어지며, 영국 표준시인 GMT (Greenwich Mean Time) 대신 BST, 즉 1시간 빠른 시간대를 사용합니다.
서머타임은 일부 유럽 국가에서도 여전히 시행되고 있으며, 서머타임이 시작되면 시계를 1시간 앞 당겨야 하니 약속이나 일정에 혼동이 없도록 꼭 확인해 두세요!

Dialogue | 영국인들의 실제 대화 엿보기

A So you've got the file, haven't you?[1]

B Yeah, of course! I mean... (*searching*) **Oh dear!**[2]

A No, really?

B I'm sure I put it in here! (*still searching*)

A **Bloody hell!**[3] What do we do now?

B I don't know...

A Well, I don't know, you have to sort it out![4]

B Argh...[5]

A 그 파일 갖고 있지, 그지?

B 응, 당연하지! 그니까… (찾으며) 큰일이다!

A 아… 진짜로?

B 분명히 여기에 넣어 두었는데! (계속 찾는 중)

A 젠장! 우리 이제 어떡하지?

B 모르겠어…

A 음, 나도 몰라. 네가 해결해야지!

B 으…

 **회화 포인트**

1. **haven't you?** (그렇지 않니?)
   부가의문문으로, 상대방이 이미 동의한 내용을 재확인할 때 사용합니다.

2. **Oh dear!** (큰일이다!)
   놀라거나 당황했을 때 사용하는 가벼운 감탄사이죠.

3. **Bloody hell!** (젠장!)
   화나거나 절망적인 상황에서 강한 감정을 표현하는 영국식 감탄사입니다.

4. **sort out** (해결하다)
   문제를 해결하거나 처리할 때 사용하는 구동사 표현이에요.

5. **Argh** (으, 으악)
   좌절, 성가심, 고통을 표현할 때 쓰는 감탄사입니다.

British Exclamations 2

놀라움을 표현하는 영어 표현, "Oh my God!" 하나로는 부족할 때가 있죠. 영국식 영어에는 감정의 강도와 분위기에 따라 쓸 수 있는 다양한 감탄사가 있어요. "Gosh!"는 살짝 놀랐을 때, "Crikey!"는 당황한 상황에서, "Flabbergasted!"는 말문이 막힐 정도로 충격받았을 때 쓰이죠. 또 "Wicked!"는 긍정적인 놀라움을 전할 때 쓰는 감탄사예요.

한국어에도 "헐!", "대박!", "소름!"처럼 다양한 감탄사가 있는 것처럼, 영국식 표현도 억양과 분위기에 따라 감정을 섬세하게 표현할 수 있어요. 익숙해지면 한마디로 분위기를 바꾸는 마법 같은 효과를 낼 수도 있답니다.

유닛 5에서 살펴본 감탄사가 자주 쓰이는 '대표 표현'이었다면, 이번 유닛은 감정의 강도와 분위기를 더 섬세하게 담아낸 표현들에 집중해볼 거예요. 같은 놀람이라도 단순히 '놀랐다'가 아니라, 얼마나 놀랐는지, 당황했는지, 감탄했는지에 따라 말투도 달라지니까요.

영국식 감탄사에는 단어 하나에도 감정의 결이 녹아 있어요. 듣는 순간 말하는 사람의 분위기나 감정 상태가 전해질 만큼, 미묘한 차이를 살려 표현하는 데 강하죠. 익숙해지면 한마디로 감정을 생생하게 표현할 수 있고, 말의 온도도 조절할 수 있어요.

감탄사 하나에도 감성이 담긴 영국식 말 센스, 지금부터 함께 배워볼까요?

I am flabbergasted!
나 너무 놀랐어!

예상치 못한 소식이나 사건에 반응할 때 감정을 고스란히 전하는 표현이에요. 강한 감정을 나타낼 때는 이렇게 축약 없이 문장을 풀어 말하기도 하죠. flabbergasted는 아주 놀라거나 충격을 받았을 때 쓰는 말로, 특히 영국식 영어에서 자주 들을 수 있는 단어예요. 발음도 독특하고 재미있어서 처음 들으면 기억에 오래 남아요.

저는 영국 어학원에서 처음 배웠는데, 선생님이 "이건 정말 영국적인 단어야!"라고 강조했던 게 기억에 남아요. 실제로 영국에서 자주 듣게 되었고, 자연스럽게 따라 쓰다 보니 단어가 몸에 익더라고요.

A **I heard that Tottenham beat Chelsea!**
토튼햄이 첼시 이겼다며?

B **I know! I am flabbergasted.**
내 말이! 나 완전 놀랐잖아.

A **Did you hear the news?**
그 소식 들었어?

B **I know! I was flabbergasted that they got divorced!**
알아! 걔들 이혼했다니 나 진짜 깜짝 놀랐어!

Wicked!
멋지다! 죽인다!

wicked는 원래 '사악한'이라는 뜻이지만, 영국식 슬랭에서는 '멋지다', '끝내준다'는 긍정적인 의미로 자주 쓰여요. 젊은 층에서 특히 많이 쓰이며, awesome이나 fantastic과 비슷한 느낌으로 사용됩니다. 멋진 공연이나 차, 장소 등을 보고 감탄할 때 "That's wicked!"라고 말할 수 있어요. 영화 <해리포터와 마법사의 돌(Harry Potter and the Philosopher's Stone)>에서 론이 해리의 번개 상처를 보고 "Wicked!"라고 감탄하는 장면도 유명하죠.

형용사로도 쓰이기 때문에 a wicked car처럼 명사 앞에 붙여서도 사용할 수 있어요. 처음 들으면 원래 뜻과 혼동할 수 있지만, 문맥과 억양에 따라 긍정적인 의미로 쉽게 이해할 수 있죠.

A So this place is called "Coin Norebang."
여기가 '코인노래방'이라는 곳이야.

B **Wicked! This is so cosy!**
멋지다! 분위기 진짜 아늑하다!

TIP ♥ COSY는 영국식 표현

cosy는 따뜻하고 아늑한 분위기를 나타내는 말로, 영국식 철자예요. 미국에서는 cozy로 쓰지만 뜻은 같습니다. 영국에서는 a cosy pub, a cosy room처럼 정서적으로 편안하고 포근한 공간을 말할 때 자주 사용하죠. 비슷한 표현으로 snug, homely 등이 있지만, cosy는 감성적인 따뜻함에 더 초점이 있어요.

Marvellous!

기막히게 좋은! 경탄할 만한!

단어 자체에 우아하고 품격 있는 느낌이 담긴 표현이에요. 격식을 차려야 하는 자리나, 어휘에 신경 써야 할 상황에서 특히 잘 어울립니다. '기막히게 좋은'이라는 뜻으로, 아주 놀라운 경험이나 아름다운 장면을 묘사할 때 자주 쓰여요.

예를 들어, "The performance was marvellous!"는 "그 공연은 정말 기막히게 좋았어!"라는 뜻으로, 감탄의 느낌이 잘 드러나죠. 특히 영국에서는 일상 대화에서도 자주 쓰이고, 비슷한 상황에서 미국에서는 amazing이나 awesome이 더 흔히 쓰여요. 참고로 marvellous는 영국식 철자이고, 미국에서는 marvelous로 표기해요. 뜻은 같습니다.

A Her speech was marvellous!
그녀의 연설은 정말 기가 막혔어!

B I cannot agree more. I had some goosebumps.
완전 동의해. 나 닭살 돋았잖아.

TIP ♥ 닭살 말고 거위살?

한국어에서는 소름이 돋을 때 '닭살 돋았다'고 하죠. 하지만 영어에서는 **goosebumps**라고 해요. 닭이 아니라 거위(goose)를 쓴다는 점이 포인트! 감동, 놀라움, 무서움 등 강한 감정을 표현할 때 유용해요.

- I got **goosebumps** during her speech. 그녀의 연설을 듣는데 소름이 돋았어.

Crikey!

맙소사!

"Crikey[크라이키]!"는 놀라움, 경악, 당황스러움을 표현하는 감탄사예요. 영국식 영어 특유의 캐주얼하고 친근한 느낌이 묻어나며, 일상 대화에서 가볍게 놀라움을 표현할 때 자주 쓰입니다. Christ에서 유래한 완곡한 표현으로, 예상치 못한 상황이나 놀라운 장면을 보고 "이럴 수가!" 하고 반응할 때 딱 어울려요.

A **Did you see the price of that car?** 저 차 가격 봤어?
B **Crikey! That's outrageous!** 맙소사! 정말 말도 안 돼!

Gosh!

세상에! 이럴 수가!

"God!"의 완곡한 표현으로, 놀라움이나 충격을 부드럽게 전달할 때 쓰입니다. 주로 좋지 않은 소식이나 예상 못한 상황, 뜻밖의 장면을 접했을 때 사용해요. 예를 들어, 길에서 오랜만에 친구를 마주쳤을 때 "Gosh, I didn't expect to see you here!(세상에, 널 여기서 볼 줄 몰랐어!)"라고 말할 수 있어요.

A **Gosh! I just got promoted to manager!**
세상에! 나 매니저로 승진했어!
B **Bloody hell! Finally!** 대박! 드디어!

Dialogue | 영국인들의 실제 대화 엿보기

A **Gosh!** Did you see her?

B Wow, she is gorgeous! **I'm flabbergasted.**

C **Crikey!** I can't believe I saw her in real life![1]
She looks even prettier than on screen.

A Be quiet! Let her do her thing.[2]
We don't want to make a scene.[3]

B Yeah, better not bother her.[4]
She probably just wants a quiet moment.

C **'Course!**[5] But this is so **wicked**!

A 세상에! 봤어?

B 우와, 정말 아름답다! 진짜 놀랐어.

C 맙소사! 그녀를 실제로 보다니!

화면에서보다 훨씬 예뻐.

A 조용히 해! 하던 일 하게 놔두자.

괜히 소란 피우지 말자고.

B 그래, 방해하지 말자.

아마 조용히 있고 싶을 거야.

C 당연하지! 근데 정말 끝내준다!

회화 포인트

1. **in real life** (실제로, 현실에서)
   사진이나 영상이 아닌 실제 상황을 강조할 때 쓰는 표현입니다. 기대 이상의 놀라움을 나타낼 수 있어요.

2. **Let her do her thing.** (그녀가 자기 일을 하게 냅두자.)
   do one's thing은 '평소대로 자연스럽게 하다'는 의미예요. 따라서 Let someone do someone's thing.이라고 하면 '방해받지 않고 자기 할 일 하게 내려려두자.' 또는 '방해받지 않고 자기 방식대로 하게 내려려두자.'는 뜻이죠.

3. **make a scene** (소란 피우다)
   특히 공공장소에서 소리를 지르거나 야단법석을 떨며 사람들의 시선을 끌 정도로 소란을 피울 때 쓰는 표현이에요.

4. **Better not bother her.** (그녀를 방해하지 않는 게 좋겠어.)
   better not은 '~하지 않는 게 좋겠다'는 뜻의 조언 표현이에요. 부드럽지만 단호하게 말할 때 유용해요.

5. **'Course!** (당연하지!)
   Of course!의 줄임말로, 영국식 회화에서 자주 쓰여요. 빠르게 반응하거나 동의할 때 자주 쓰는 표현이죠.

British Joy

'기쁨'이라고 하면 어떤 표현이 먼저 떠오르시나요?

대부분은 I'm happy.나 I'm excited.처럼 기본적인 표현이 떠오를 거예요. 물론 이 표현들만으로도 충분히 감정을 전달할 수 있지만, 영국식 영어에는 같은 기쁨도 훨씬 더 생생하고 다양하게 표현하는 말들이 참 많습니다.

예를 들어, I'm chuffed!는 뿌듯하고 기분 좋을 때 쓰고, I'm buzzing!은 에너지가 넘치는 신남을, That's boss!는 누군가의 말이나 소식을 듣고 "대박!"이라고 반응할 때 쓰이죠.

이런 표현들을 보면 단순한 기쁨을 넘어, 감정의 결, 분위기, 말투까지 함께 전해집니다. 말 한마디에 감정의 디테일이 담긴다는 것, 바로 영국식 표현의 매력이죠.

기쁨이라는 감정도 상황마다 다르잖아요. 시험에 붙었을 때의 뿌듯함, 날씨가 좋아서 들뜨는 기분, 친구 얘기를 듣고 감탄할 때의 즐거움. 영국식 표현은 이런 미묘한 감정의 결까지 섬세하게 담아낼 수 있어요.

한국어에도 "좋다!", "신난다!", "완전 기대돼!"처럼 표현이 다양하듯, 영국식 표현도 말하는 사람의 감정과 분위기에 따라 폭넓게 변주됩니다.

게다가 이런 표현들은 영국 드라마나 실제 회화 속에서도 자주 들리지만, 국내에서는 상대적으로 덜 알려져 있어요. 익숙해지면 더 자연스럽고 깊이 있는 영어 표현을 할 수 있게 됩니다. 특히 영국식 말투를 좋아하는 분들에게는 꼭 필요한 표현들이죠.

이번 유닛에서는 '기쁨'을 더 풍부하고 자연스럽게 표현할 수 있는 영국식 표현들을 함께 배워볼 거예요. 단순한 happy를 넘어서, 세련되고 생생한 말 한마디가 여러분의 영어에 감정을 불어넣어 줄 거예요.

Expressions | 영국 현지 회화표현

1
I'm chuffed.
너무 기쁘다!

chuff라는 단어만 보면 '시골뜨기, 버릇없는 사람'이라는 뜻이 있어요. 하지만 여기서 I'm chuffed.를 "나는 시골뜨기야." 혹은 "나는 버릇없는 사람이야."라고 해석하면 곤란합니다. 이 표현은 무언가에 대해 행복하거나 기쁠 때 "I'm happy!", "I'm so pleased!"라고 하는 것처럼 기쁜 마음을 전할 때 사용하는 영국식 표현이에요. I'm chuffed to bits!라고 말하면 '정말 기쁘다'는 뜻이 더 강하게 전달됩니다.

A I've seen the British museum in the books!
브리티쉬 뮤지엄은 책에서만 봤었어요!

B Have you?
그래요?

A Yes! **I'm chuffed!**
네! 너무 기쁘네요!

TIP ♥ 감정을 강조하는 표현 TO BITS

영국에서는 감정을 강조할 때 to bits라는 말을 자주 붙입니다. 기쁠 때뿐 아니라 사랑, 슬픔, 지루함 등 여러 감정 앞에 붙여 쓸 수 있어요. 문장을 더 강하게, 더 영국스럽게 만드는 비결이죠.

- I miss you **to bits**. 너무 보고 싶어.

2 | I'm buzzing!
너무 신나!

buzz라는 단어, 원래는 벌이 윙윙거릴 때 나는 소리죠. 그런데 이 소리가 사람의 감정 상태를 나타낼 땐, 에너지가 넘치고, 흥분되고, 들뜬 상태를 뜻해요. 그래서 "I'm buzzing!"은 정말 신나고 기대되는 상황에 딱 어울리는 표현이에요. 기쁜 소식이 있거나, 기대되는 일이 있을 때 자주 씁니다. 영국 젊은이들 사이에서 특히 많이 들을 수 있어요.

A Excited about the hen night?
이번 주말 헨 나이트 기대돼?

B I'm buzzing! It'll be such a fun night out.
완전 기대 중이야! 정말 재미있는 밤이 될 거야.

A Definitely!
완전 그럴 거야!

TIP ♥ HEN NIGHT VS. STAG NIGHT

영국에서는 결혼 전에 친구들과 즐기는 파티를 여성은 hen night(암탉 파티), 남성은 stag night(수사슴 파티)라고 해요. 한국의 결혼 전 밤샘 파티 개념과 비슷하지만, 더 화끈하고 유쾌한 분위기로 유명하죠.

- **hen night** 신부가 친구들과 즐기는 파티
- **stag night / stag do** 신랑이 친구들과 즐기는 파티

영국 드라마나 로맨틱 코미디에서도 자주 나오는 설정이라, 이 표현들을 알고 있으면 스토리를 이해하기 더 쉬워져요.

I'm well pleased!

정말 기분 좋아!

well이라는 단어, 보통은 '잘'이나 '건강한'이라는 뜻으로 알고 있죠? 하지만 영국에서는 구어체에서 well이 '매우(very)'라는 뜻으로도 자주 쓰입니다. well happy(매우 행복한), well good(매우 좋은)처럼 강하게 긍정하는 표현으로 쓸 수 있죠. "I'm pleased."만 해도 기쁜 마음을 전할 수 있지만, "I'm well pleased."라고 하면 그 감정을 더 강하고 확실하게 표현할 수 있어요.

A **What a match! You won!** 대단한 경기였어! 너희가 이겼네!

B **I'm well pleased.** 나 정말 기분 좋아!

A **You guys played brilliantly.** 너네 정말 잘하더라.

TIP ♥ WELL + 형용사, 영국식 감정 강조 표현

well pleased처럼 영국 구어체에서는 well이 very 대신 쓰이기도 합니다. 특히 감정이나 느낌을 강조할 때 이런 말투를 쓰면 영국식 느낌이 살아나죠.

- She's **well nice**! 걔 진짜 착해!
- I was **well nervous** before the interview. 면접 전에 진짜 긴장됐어.

4

It's lush!
멋지다!

혹시 비누 브랜드 '러쉬(Lush)'가 떠오르셨나요? 그 브랜드가 이 단어의 본래 의미를 의도했는지는 모르겠지만, lush라는 단어의 뜻은 어떤 것이 아주 좋거나, 누군가가 매력적으로 보일 때 쓸 수 있는 표현이에요. 누군가에게 "너 정말 멋지다!"라고 말하고 싶을 때 "You look lush!"라고 할 수 있어요.

lush는 원래 웨일스에서 훨씬 더 많이 쓰였지만, 잉글랜드 서부나 북쪽 지방에서도 널리 사용됩니다. 영국 드라마 <Gavin and Stacey>에서도 웨일스 출신인 Stacey의 가족들과 친구들이 자주 쓰는 말이기도 해요.

A **I visited Kew Gardens today. It's so lush!**
오늘 큐가든에 다녀왔어. 너무 멋지더라.

B **Isn't it? It's the perfect escape from the city, I think.**
그렇지? 도시에서 벗어나기 딱 좋은 곳 같아.

A **Did you see Mia's outfit last night?** 어젯밤 미아 드레스 봤어?

B **Yeah, it was lush!** 응, 진짜 멋졌어!

TIP ♥ **영드로 꿀잼과 영어감각을 잡으세요!**

<Gavin and Stacey>처럼 지역 말투와 문화가 생생하게 담긴 드라마를 보면, 웨일스식 표현을 자주 접할 수 있어요. 특히 이 작품은 잉글랜드와 웨일스 커플의 일상을 그리고 있는데, 다양한 지역 말투를 자연스럽게 배울 수 있어요. 재미로 보기 시작했다가, 영국식 말투에 익숙해지는 건 덤이죠.

5

I'm over the moon!

너무 기쁘다!

기분이 마치 달 위에 둥둥 떠있는 것처럼, 너무 행복하고 벅찬 마음을 나타낼 때 쓰는 표현이에요. 시적인 비유가 정말 아름답죠? 이 표현은 J.K. 롤링의 소설 《해리 포터》 시리즈에서도 만날 수 있어요. 해리포터가 호그와트에서 합격 통지를 받았을 때 "정말 기뻐!"라고 말하는데, 이때 쓰이는 표현이 바로 "I'm over the moon!"입니다. 이렇게 기쁨이 폭발하는 상황에서 자연스럽게 쓰면 감정이 더 생생하게 전달됩니다.

A We've finally finished our dissertations!
우리 드디어 논문 끝냈어!

B I'm over the moon! It's been quite a journey.
너무 기뻐! 참 긴 여정이었지.

6

That's boss!

대박이다!

boss? 직장 상사? 그래서 이 표현이 처음엔 조금 생뚱맞게 들릴 수 있어요. 하지만 That's boss!는 영국에서 쓰이는 비격식 표현(특히 북부)으로, "That's brilliant!"나 "That's excellent!"처럼 "멋지다!", "끝내준다!"는 뜻이에요. 처음엔 어색할 수 있지만, 몇 번 말하다 보면 입에 붙고 영국식 회화의 리듬을 익히는 데도 도움이 돼요.

친구가 뭔가 놀라운 이야기를 했을 때, 감탄하듯 이렇게 말할 수 있답니다.

A Did you know that Tate Modern used to be a factory?
테이트 모던이 원래 공장이었던 거 알고 있어?

B Wow, that's boss!   와, 대박이다!

7   Hunky-dory!
참 좋다!

"홍키도리"라는 소리가 재미있어서 기억에 잘 남는 표현이에요. "Everything is hunky-dory."라고 하면 "모든 게 더할 나위 없이 좋다!"는 뜻이죠. 다소 old-fashioned한 표현이라 요즘은 자주 쓰이진 않지만, 누군가 이렇게 말하면 '아, 지금 꽤 만족하고 있구나' 하고 알아두면 좋습니다. 겉보기엔 모든 게 괜찮아 보일 때 자주 쓰이며, 평온하고 만족스러운 분위기를 나타낼 때 유용해요.

A How was Hyde Park?   하이드 공원 어땠어?

B It was lovely! Everything felt hunky-dory!
아주 좋았어! 모든 게 참 좋았어!

Dialogue | 영국인들의 실제 대화 엿보기

A So, what happened to the interview?[1]

B I'm chuffed! I've got it![2]

A That's boss! I knew you'd smash it![3]

B I'm over the moon! Seriously, everything feels so hunky-dory now.

A You deserve it.[4] I'm well pleased for you.

B Cheers![5] I'm really buzzing!

A It's lush!

A 그 면접 어떻게 됐어?

B 나 완전 기뻐! 붙었어!

A 대박이다! 붙을 줄 알았어!

B 너~무 좋아! 진심, 이제 모든 게 완전 다 잘 풀리는 느낌이야.

A 넌 그럴 자격 있어. 나도 정말 기뻐.

B 고마워! 완전 신나!

A 멋지다!

 **회화 포인트**

1. **So, what happened to ~?** (그래서, ~는 어떻게 됐어?)
   사람이나 상황, 계획 등에 무슨 일이 있었는지 자연스럽게 물을 때 쓰는 표현이에요. 영국에서는 interview, trip, party 같은 특정 상황도 대상처럼 표현해 to를 자주 써요.

2. **get it** (얻다, 붙다)
   원하던 걸 성취했을 때 자주 쓰는 표현입니다. 합격, 당첨, 성공 등에 자연스럽게 사용돼요.

3. **smash it** (해내다, 완전 잘하다)
   특히 시험, 발표, 면접처럼 성과를 내야 하는 상황에서 멋지게 해냈다는 뜻으로 쓰이는 영국식 슬랭이에요.
   ex. You'll **smash it**! (넌 잘할 거야!)

4. **You deserve it.** (넌 그럴 자격 있어.)
   상대의 성과를 진심으로 축하할 때 쓰는 말이에요. 단순한 칭찬보다 한층 따뜻하고 진심이 느껴지는 표현이죠. **syn.** You've earned it. / You're worthy of it.

5. **Cheers!** (고마워! / 잘 가! / 건배!)
   영국에서는 Thank you! 대신 캐주얼하게 인사처럼 자주 쓰이는 표현이에요.

British Special

🚇 Transportation | 영국의 교통

영국에서 운전을 하다 보면 도로 한가운데 둥근 섬처럼 생긴 원형 교차로를 자주 마주쳐요. 이건 바로 roundabout(라운드어바웃)이라 불리는 영국식 원형 교차로예요. 우리나라에선 드물지만, 영국에선 거의 모든 교차로가 roundabout일 정도로 흔하죠. 가운데 공간을 정원처럼 꾸미거나 지역 행사 장식으로 쓰이기도 해요. 프랑스에서 시작된 시스템이지만, 영국이 적극 도입하면서 널리 퍼졌답니다.

영국은 교통 문화뿐 아니라 교통 관련 영어 표현도 미국과 다른 게 많아요. 영국의 코미디언 마이클 맥킨타이어는 "미국인은 단어를 더 직관적으로 바꾼다"고 말하며, 미국식 영어를 재치 있게 풍자했어요. 예를 들어, '인도'는 영국식으로는 pavement, 미국식으로는 sidewalk라고 하죠.

런던에서는 Oyster 카드나 비접촉식 카드로 Tube(지하철)와 버스를 편리하게 이용할 수 있어요. 버스는 Stop 버튼을 눌러야 정차합니다.

운전 문화 & 교통 팁

- **좌측통행:** 도로의 왼쪽으로 주행. 횡단 시 오른쪽 먼저 보기
- **운전석 위치:** 운전석은 오른쪽, 기어는 왼손 조작
- **속도 단위:** mph(마일/시) 사용 (예: 30mph ≈ 48km/h)
- **Tube:** 런던 지하철은 subway 대신 Tube라고 부름
- **더블데커:** 붉은색 2층 버스 (2층 앞자리는 인기 명당이에요.)

대중교통 팁

- **Oyster 카드:** 런던 지하철·버스·기차 통합 사용 가능
- **Contactless:** 신용카드·Apple Pay로 바로 탑승
- **Stop 버튼:** 런던 버스는 요청 정차 방식

영국 vs 미국, 교통 표현

표현	영국	미국
타이어	tyre	tire
트렁크	boot	trunk
주유소	petrol station	gas station
휘발유	petrol	gasoline
인도	pavement	sidewalk
트럭	lorry	truck
주차장	car park	parking lot
방향등	indicator	turn signal
보닛(덮개)	bonnet	hood
내비게이션	satnav	navigation
운전 면허증	driving license	driver's license

교통에서 자주 쓰는 영국식 표현

- **Mind the gap:** 지하철 틈 조심
- **Zebra crossing:** 횡단보도
- **Congestion:** 교통 체증

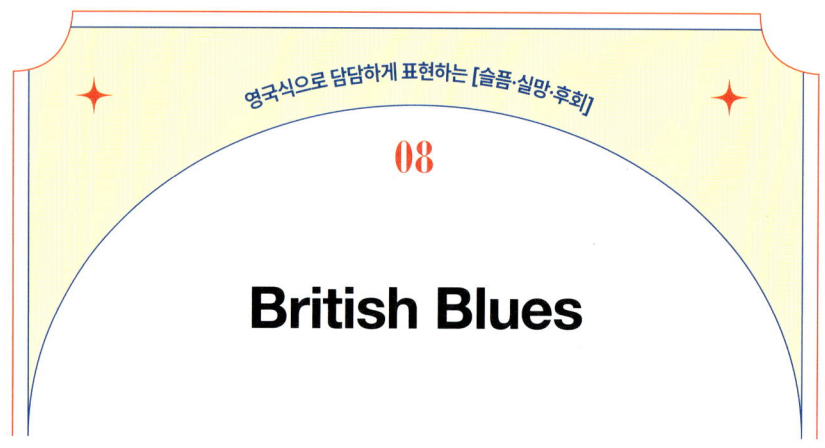

British Blues

'기쁨'에 이어 이번엔 그 반대의 감정, 슬픔·실망·후회에 대해 알아볼 시간이에요. 살면서 기대와 다른 상황을 마주하는 일은 누구에게나 일어나죠. 기대했던 일이 어긋나고, 누군가의 말에 상처받고, 지나간 선택을 되돌리고 싶을 때―그 감정을 말로 표현하고 싶을 때가 있습니다.

이럴 때 흔히 떠올리는 표현이 "I'm sad.", "I'm disappointed." 같은 말일 거예요. 이런 표현들만으로도 감정을 전할 수는 있지만, 다소 평이하게 들릴 수 있고 감정의 결이 잘 드러나지 않을 때도 있어요.

영국식 영어에는 상황과 분위기에 따라 감정을 더 섬세하게 담아내는 말들이 많습니다. 예를 들어, "I'm gutted."는 속이 텅 빈 것처럼 허탈할 때 쓰이고, "I'm cheesed off."는 짜증과 실망이 뒤섞인 상태를, "I'm devo."는 마음이 무너질 정도의 충격과 후회를 표현하죠.

이런 표현들은 영국 드라마나 뉴스, 실제 대화 속에서는 자주 등장하지만, 국내 영어 학습에서는 상대적으로 덜 알려져 있어요. 특히 감정을 직설적으로 드러내기보다는, 쿨하고 덤덤하게 말하는 게 특징이죠.

슬픈 일, 실망스러운 일, 아쉬운 순간들—그럴 때 쓸 수 있는 진짜 영국식 표현들, 이번 유닛에서 함께 배워보세요. 감정을 억누르지 않으면서도 절제된 말투로 전하는 영국식 감정 표현, 지금부터 차근차근 살펴볼게요.

Expressions | 영국 현지 회화표현

1

I'm gutted.
실망스럽다.

gut이라는 단어는 원래 '장(腸)'을 의미하지만, gutted는 무언가 기대했던 일이 실패로 끝나 실망하거나 속상할 때 사용하는 표현이에요. 발음할 때는 코크니(Cockney)식으로 Glottal T 현상이 일어나며, t 소리가 생략되어 [거'읻 gʌ(t)id]처럼 들리기도 해요. 예를 들어, water는 [와'어 wɔ́:(t)ə], better는 [베'어 bé(t)ə]처럼 발음되죠. 반면, 더 포멀하거나 포쉬(Posh)한 느낌을 주고 싶을 때는 t를 살려 [거티드 gʌ́tid]처럼 또렷하게 말할 수 있습니다.

A   I almost got the job, but I didn't. I'm so gutted.
(취업) 거의 합격할 뻔했는데 결국 안 됐네. 너무 실망스러워.

B   That's such a shame. You'll get the next one.
정말 안타깝다. 다음번엔 잘될 거야.

TIP ♥ Glottal T(글로털 티)

t 소리를 입에서 내지 않고, 목구멍을 잠깐 막듯이 끊어 발음하는 방식이에요. 코크니(Cockney) 같은 런던 지역의 말투에서 자주 들리며, 실제 영국 현지에서는 자연스럽고 친근한 느낌을 줍니다.

- **water** [와'어 wɔ́:(t)ə]
- **better** [베'어 bé(t)ə]

단, formal한 자리나 정확한 발음이 필요한 상황에서는 또렷한 t 발음이 더 적절해요.

2 I'm cheesed off.
짜증 나!

cheesed off라는 표현은 '치즈'와는 아무 상관이 없습니다. 1940년대부터 사용되기 시작했으며, 주로 짜증나고 불쾌한 상황에 대한 반응으로 쓰여요. annoyed(짜증난), disappointed(실망한)처럼, 짜증과 실망이 섞인 복합적인 감정이 담겨 있습니다. 감정을 넣어 말하거나 표정까지 어울리면 더 생생하게 전달되죠.

A **The Wi-Fi isn't working again. I'm cheesed off.**
와이파이가 또 안 돼. 짜증 나.

B **Yeah, it's been a problem all day. What a palaver!**
응, 하루 종일 말썽이었어. 완전 골치 아프네!

TIP ♥ WHAT A PALAVER!

palaver는 원래 '쓸데없이 복잡한 이야기'라는 뜻에서 시작된 단어예요. 영국에서는 무언가가 너무 번거롭고 귀찮을 때 What a palaver!라고 말해요. 짜증이나 불만을 담되, 조금은 익살스럽고 과장된 어감이 있어요. 와이파이처럼 자꾸 반복되는 문제가 있을 때 쓰기 딱 좋은 표현이죠.

3

I'm devo!

완전 실망이야!

devo는 devastated의 줄임말로, 매우 강한 실망감이나 충격을 표현할 때 사용돼요. 영국 북부, 특히 맨체스터와 리버풀 지역에서 자주 들을 수 있고, 마음이 무너질 만큼 충격적이고 실망스러운 상황에 잘 어울립니다. 다만, 영국 전역에서 널리 쓰이는 표현은 아니고 캐주얼한 느낌이 강하기 때문에, 상황에 맞게 자연스럽게 쓰는 게 중요해요.

A **I'm devo. My team lost the final.**
완전 실망이야. 우리 팀 결승에서 졌어.

B **Oh dear. Better luck next time.**
아, 아쉽네. 다음엔 잘될 거야.

TIP ♥ OH DEAR.

놀람, 안타까움, 당황스러움 등 여러 감정을 담아 부드럽게 반응할 때 쓰는 영국식 감탄사예요. 말투에 따라 가볍게도, 진지하게도 들릴 수 있어 상황에 맞게 공감과 위로를 전할 수 있습니다. Too bad.처럼 건조하거나, Oh my God.처럼 과장되지 않고 덤덤하게 반응하는 표현이죠.

A I lost my phone on the train. 기차에서 폰을 잃어버렸어.
B **Oh dear...** did you report it? 어머, 신고는 했어?

4. I'm down in the dumps.
기분이 울적해. 기운이 없어.

down in the dumps는 '기운이 없고 슬픈 상태'를 나타내는 관용 표현이에요. dump는 원래 '쓰레기'나 '버리다'라는 뜻이지만, 여기선 마치 쓰레기 더미에 있는 것처럼 우울하고 처진 기분을 비유적으로 표현한 거죠. 불행하거나 낙담한 상태일 때 쓰기 좋아요. 비슷한 표현으로 I'm feeling a bit down.도 자주 쓰입니다.

또, "Don't be so down in the dumps. It's bank holiday this weekend.(기운 내. 이번 주는 연휴잖아.)"처럼 위로할 때 쓰기도 하죠. 분위기를 환기하며 부드럽게 위로하는 표현이에요.

A **I'm down in the dumps.** My plans got cancelled.
계획이 취소돼서 우울해.

B That's a shame. Hope it works out next time.
안타깝다. 다음에 잘되길 바라.

TIP ♥ THAT'S A SHAME.

영국에서 실망스러운 일이나 아쉬운 상황에 대한 반응으로 자주 쓰이는 표현이에요. 미국식 That sucks.보다는 훨씬 부드럽고 정중한 뉘앙스를 줍니다.

A I couldn't make it to the party. 그 파티 못 갔어.
B **That's a shame.** It was really fun. 안타깝다. 정말 재미있었는데.

상대의 기분을 상하게 하지 않으면서 공감할 수 있어 영국식 대화에서 자주 쓰이죠. 공식적인 자리나 격식 있는 대화에도 무난하게 쓸 수 있어요.

> **5**
>
> # I'm fed up.
> 정말 지쳤어. 신물 나.

영국식 영어에서 fed up은 반복되는 불쾌한 상황에 완전히 질렸을 때 쓰는 표현이에요. 실망, 짜증, 피곤함이 한꺼번에 섞인 감정으로, 흔히 I'm fed up with ~ 구조로 사용돼요. 계속되는 교통체증이나 끝없는 업무처럼 일상에서 쌓인 스트레스를 표현할 때 딱이에요. 단순히 피곤하다는 말보다 감정의 강도가 훨씬 크고, 더는 참기 힘들다는 느낌을 담고 있습니다.

특히 영국에서는 annoyed나 tired보다 더 강한 짜증과 권태를 표현할 때 자주 써요. 상황이 개선될 기미 없이 계속될 때, 인내심이 바닥나면 툭 튀어나오는 말이죠. 친구나 가족처럼 가까운 사이에서 자연스럽게 쓰이며, 내 감정을 솔직하게 드러내고 상대방의 공감을 이끌어내기에도 좋답니다.

A **I'm fed up with** this traffic jam.
아, 이 교통 체증 정말 지긋지긋해.

B **I know.** Traffic is at a standstill today.
그러게. 오늘은 차가 완전히 멈춰 있네.

TIP ♥ I KNOW.의 공감 뉘앙스

단순한 동의가 아니라, 상대방의 감정에 깊이 공감할 때도 자주 쓰이는 말이에요. 영국식 대화에서는 "맞아.", "나도 알아." 이상의 위로와 지지를 전하는 표현입니다.

A I'm so tired of this situation. 이 상황 정말 지긋지긋해.
B Yeah… **I know.** 응, 나도 그래. 너 마음 이해돼.

그냥 "I know."라고 하고 넘기기보다는, "I know how you feel.(어떤 기분인지 알아.)"처럼 좀 더 마음을 담아 길게 표현해도 좋아요.

6 I couldn't care less.

전혀 신경 안 써. 완전 무관심해.

더는 신경 쓸 가치조차 없을 때 쓰는 표현이에요. 기대가 완전히 무너졌거나, 반복된 실망 끝에 체념한 상태를 담고 있죠. 단순히 무관심하다는 뜻뿐 아니라, 감정의 소모가 끝나 "나는 이제 됐어."라는 느낌을 줄 때 자주 쓰입니다. 말투에 따라 쿨하거나, 살짝 삐친 것처럼 들릴 수도 있어요.

상대보다 상황에 대한 무관심을 표현할 때 더 자연스럽고, 영국식 대화에서는 감정을 숨기고 절제된 말로 표현하는 데 딱 맞는 표현입니다.

A **She didn't reply to my message.**
걔 내 메시지에 답도 없어.

B **Honestly, I couldn't care less anymore.**
솔직히, 이젠 정말 신경도 안 쓰여.

> **TIP ♥ "관심 없어"는 I DON'T CARE 아닌가요?**
>
> 보통 "나 관심 없어."라고 할 때 I don't care.가 먼저 떠오르죠. 이 표현은 상황에 따라 퉁명스럽게 들릴 수 있어요. 영국에서는 I couldn't care less. 같은 표현도 자주 쓰는데, 좀 더 쿨하고 무심한 뉘앙스를 줄 수 있어요. 감정을 드러내지 않으면서도 확실히 선을 긋는 느낌이라, 상황에 따라 '진짜 신경 안 써', 혹은 '살짝 빈정 상했어'처럼 다양하게 해석될 수 있어요.

 **Dialogue** | 영국인들의 실제 대화 엿보기

A I cannot believe you lied to me again.[1]

B Sorry, I didn't really know what I was doing.

A What? You're doing my head in![2]

B Sorry...

A To be honest, I'm quite gutted that you constantly repeat the same thing!

B I don't blame you...[3]

A I'm cheesed off. Seriously,[4] this is going to be your last chance.[5]

B I get it. I'm really sorry this time.

A 또 거짓말을 하다니 믿을 수가 없어.

B 미안, 내가 뭘 하고 있었는지 정말 몰랐어.

A 뭐? 너 때문에 진짜 골 아파!

B 미안…

A 솔직히 말해서, 매번 이러는 거 정말 실망스러워!

B 그럴 만도 해…

A 정말 짜증 나. 진짜로, 이번이 마지막 기회야.

B 알겠어. 이번엔 정말 미안해.

회화 포인트

1. **lied to me again** (또 나한테 거짓말했다)
   again이 들어가 반복적이라는 점을 강조하며, 실망이나 분노의 뉘앙스를 더해요.

2. **~ do someone's head in** (~ 때문에 골 아파/돌아버리겠어)
   do someone's head in은 전형적인 영국식 표현으로, 누군가를 짜증나게 하다, 정신적으로 피곤하게 하다, 또는 머리 아프게 하다는 뜻이에요. 무엇 때문에 누가 너무 짜증나거나 골치 아픈 상황에서 아주 유용하게 쓸 수 있는 표현이죠.

3. **I don't blame you.** (그럴 만도 해, 너를 탓하지 않아.)
   상대방의 실수나 상황을 충분히 이해하고 있다는 공감을 표현할 때 사용해요. '그럴 만도 해, 나라도 그랬을 거야'라는 뉘앙스를 담고 있죠.

4. **Seriously** (진심으로)
   강조나 경고의 의미를 담고 싶을 때 쓰는 표현이에요. 이 대화에서는 감정이 담긴 마지막 경고처럼 사용되고 있죠. syn. I mean it. (진심이야.)

5. **last chance** (마지막 기회)
   더는 봐주지 않겠다는 강한 경고를 전할 때 쓰는 표현이에요. 기회를 줄 수 있는 마지막 순간이라는 의미죠. syn. This is it. (이번이 마지막이야.)

British Fury

살다 보면 어쩔 수 없이 화가 나는 순간이 찾아오고, 그 감정을 말로 표현해야 할 때도 있죠.

보통 '화'라고 하면 angry나 upset 같은 단어가 먼저 떠오르지만, 영국식 영어에서는 좀 더 다양하고 절제된 말투로 화를 표현하는 방식이 많아요.

예를 들어, 말도 안 되는 주장에는 "That's rubbish!",
장난이 도를 넘었을 땐 "Stop taking the piss!",
완전히 어이없는 말에는 "That's poppycock!"(Posh 버전) 같은 표현을 씁니다.

겉으로는 담담하지만, 말속에는 감정이 고스란히 담겨 있는 것—이런 점이 영국식 화남 표현의 특징이에요. 단순히 "I'm angry!"라고 말하는 것보다 훨씬 세련되고, 때론 유머러스한 방식으로 감정을 전할 수 있죠.

이번 유닛에서는 영국에서 실제로 쓰이는 다양한 '화' 표현들을 상황에 따라 어떻게 자연스럽게 활용할 수 있는지 알아보려 해요. 말 한마디에 분위기가 달라지는 순간, 여러분도 직접 느끼실 수 있을 거예요.

다만 주의할 점도 있어요. 이번에 배우는 표현들 중에는 비격식적이거나 다소 거칠게 들릴 수 있는 말도 있기 때문에, 너무 정중한 상황에서는 피하고, 친한 사이 혹은 캐주얼한 대화에서 쓰는 것이 좋습니다.

그럼 이제, 우아하지만 분명하게 감정을 표현하는 영국식 화남 표현의 세계로 함께 들어가 볼까요?

Expressions | 영국 현지 회화표현

09-1.mp3

1

That's poppycock!
헛소리!

poppycock은 발음은 [포피콕 pɒpikɒk]처럼 귀엽고 경쾌하지만, 뜻은 전혀 달라요. '헛소리', '터무니없는 말(nonsense)'이라는 의미의 오래된 표현이죠. 다소 낡은 말투처럼 들릴 수 있지만, 격식 있는 자리에서는 오히려 점잖고 고급스럽게 들리는 편이에요.

상대방의 말이 말도 안 될 때 강하게 반박하면서도 예의는 지키고 싶을 때 쓰기 좋죠. 예를 들어, "That's absolute poppycock!(그건 완전 헛소리야!)", "He was talking poppycock.(걔 말은 말도 안 돼.)"처럼 다양한 상황에서 활용할 수 있어요.

A I heard that the earth is actually square.
내가 들었는데 지구가 사실은 네모래.

B Pardon? That's absolute poppycock!
뭐라고? 완전 헛소리야!

TIP ♥ PARDON? / I BEG YOUR PARDON?

상대의 말을 못 들었을 때뿐 아니라, 너무 터무니없는 말을 들었을 때 "지금 뭐라고?"라는 뉘앙스로도 자주 쓰여요. 정중하면서도 불쾌함을 표현할 수 있는 영국식 반응이에요.

A I think aliens run the government. 외계인이 정부를 운영하는 것 같아.
B **Pardon?** Are you being serious? 뭐라고? 진심이야?

2 That's rubbish!
쓰레기! 말도 안 돼!

영국에서 '쓰레기'는 보통 rubbish라고 해요. 미국식 trash나 garbage와는 달리, rubbish bin(쓰레기통)처럼 일상에서 자주 쓰이죠. 그런데 이 단어는 That's rubbish!처럼 말도 안 되거나 터무니없는 말을 반박할 때도 많이 써요. 첫음절 '뤄-'에 힘을 주면 화난 감정을 더 잘 전달할 수 있어요.

"I'm rubbish at dancing.(나 춤 정말 못 춰.)", "I'm rubbish at singing.(나 노래 완전 못해.)"처럼 자신이 못하는 걸 겸손하게 표현할 때도 쓰입니다.

또, 상대의 말을 믿기 어렵거나 황당할 때면 "Oh, rubbish!"가 자연스럽게 튀어나오죠.

A **Because of you, I lost the opportunity!**
너 때문에 그 기회를 놓쳤어!

B **What? That's rubbish!**
뭐? 말도 안 돼!

TIP ♥ I'M RUBBISH AT ~

I'm rubbish at ~은 자신이 잘 못하는 걸 겸손하고 유쾌하게 말할 때 자주 쓰는 표현이에요. 미국에서는 I'm bad at ~이나 I suck at ~을 더 많이 쓰죠.

A **I'm rubbish at** public speaking. 나 사람들 앞에서 말하는 건 진짜 못해.
B So am I! I always get nervous. 나도 그래. 늘 떨려.

3 I don't give a monkey's!

관심 없어! 상관 안 해!

I don't give a monkey's!는 "신경 안 써!", "상관 안 해!"라는 뜻으로, "I don't care."보다 더 강하게 말하고 싶을 때 쓰는 표현이에요. 진지하게 화났을 때보다는, 재치 있게 불쾌함이나 무관심을 표현할 때 더 잘 어울리죠.

여기서 monkey는 특별한 뜻 없이 들어간 단어지만, 표현 자체가 재미있고 임팩트 있어서 저도 즐겨 씁니다. 욕설이 포함된 "I don't give a shit."이나 "I don't give a f***."보다 훨씬 덜 거칠고 유쾌한 느낌이라 말의 수위를 조절할 때도 유용하죠. 다만 informal한 표현이라 공적인 자리에서는 피하는 게 좋아요.

A **I am upset with you.**
나 너한테 화났어.

B **I don't give a monkey's! Enough is enough.**
관심 없어. 정도껏 해라.

TIP ♥ MONKEY'S라는 표현의 정체?

이 표현에서 monkey는 사실 큰 뜻 없이 쓰인 말이에요. 원래는 I don't give a monkey's uncle/fart.처럼 이어지던 말이 줄어든 거죠. 진지하게 화를 내기보다는, 살짝 빈정대거나 쿨하게 반응할 때 자주 쓰여요. 너무 진지하게 들리면 이 표현의 맛이 사라지니, 어이없거나 시큰둥한 상황에 가볍게 써보세요.

A Did you see what she posted online? 그 여자 SNS에 올린 거 봤어?
B Meh, I don't give a **monkey's**. 흥, 신경도 안 써.

Stop taking the piss!
그만 놀려라! 장난 그만해라!

상대가 말도 안 되는 소리를 하거나 진지하게 받아들이기 어려운 말을 할 때 "놀리지 마!", "장난 그만해!"라는 뜻으로 쓰는 영국식 표현이에요. 어이없거나 당황스러운 상황에서 툭 튀어나오듯 말하게 되죠. 미국에서는 거의 쓰이지 않지만, 영국에서는 친구끼리 대화나 드라마 속에서도 자주 들을 수 있어요.

보통은 친구나 가까운 사람 사이에서 장난이 심해진다 싶어 선을 긋고 싶을 때 웃으면서 쓰기 좋아요. 딱딱한 상황에서는 잘 어울리지 않고, 좀 친한 사이에서 가볍게 불쾌감을 표현하는 용도에 가깝죠. 참고로 영국 북부에서는 take the piss와 같은 뜻으로 take the mick이라는 표현도 쓰는데, 이쪽이 좀 더 순한 느낌이에요.

A Stop taking the piss!
장난 그만해라!

B Calm down. I did not do anything wrong.
진정해. 나는 잘못한 게 없어.

TIP ♥ PISS는 왜 이렇게 자주 나올까?

piss는 원래 '소변'이라는 뜻이지만, 영국에서는 다양한 구어 표현으로 널리 쓰여요. take the piss는 '놀리다', piss off는 '짜증나게 하다' 또는 '꺼져', I'm pissed.는 '술에 취했다'는 뜻이에요. 또 It's pissing it down.은 비가 억수같이 퍼붓는 상황에서 쓰이죠.
미국에서는 pee가 더 일반적이고, I'm pissed.는 '화났다'는 뜻입니다. 헷갈리지 않게 주의하세요.

- You look **pissed**! [영국] 너 취했구나! / [미국] 너 화났구나!

That's bonkers.
미쳤네. 말도 안 돼.

bonkers는 '미친', '정신 나간'이라는 뜻으로, mad나 crazy와 비슷한 표현이에요. 말도 안 되는 행동이나 터무니없는 말에 "그건 말이 안 돼.", "미쳤네." 하고 반응할 때 잘 어울리죠. 장난스럽고 비격식적인 표현이라 친구들끼리 가볍게 쓰기 좋습니다.

너무 황당하거나, 상대가 엉뚱한 주장을 할 때 한마디로 툭 던지듯 말하면 자연스럽게 들려요. 억양에 감정을 실으면 어이없다는 느낌도 줄 수 있죠.

A **We finally finished the group work!** 우리 드디어 과제 끝냈네!

B **WE? That's bonkers. I did it all.** 우리? 미쳤네. 내가 다 했거든.

6. I got cross (with 누구).

나 (누구에게) 화났어.

cross라고 하면 '십자가'나 '건너다'를 떠올릴 수 있지만, 이 표현에서는 '짜증 난', '언짢은'이라는 뜻으로 쓰여요. furious처럼 극도로 화가 난 상태는 아니고, 상대의 행동에 살짝 화가 났을 때, 또는 기분이 상했을 때 사용하는 표현이죠. 화의 정도를 1에서 5로 본다면 cross는 2~3 정도의 부드러운 화를 나타낸다고 볼 수 있어요.

특히 영국인들이 자주 쓰는 표현이라, 너무 심하게 화내는 것처럼 보이고 싶지 않을 때 딱이죠. 상대를 크게 비난하지 않으면서도 불쾌함을 전할 수 있습니다.

- A **I got cross with you.** 나 너한테 화났어.
- B **I am sorry I didn't mean it.** 미안해, 그런 뜻은 아니었어.

7

That's bollocks!
젠장! 말도 안 돼! 헛소리야!

bollocks는 원래 '고환'을 뜻하는 단어지만, 영국에서는 헛소리나 터무니없는 상황에 대한 반응으로 자주 쓰여요. "That's bollocks!"라고 하면 "그건 말도 안 돼!", "헛소리야!" 같은 뜻이 되고, 놀라거나 실수했을 때는 "Oh, bollocks!"라고도 말해요. 감정이 확 올라왔을 때 툭 튀어나오는 표현입니다.

단어의 원래 의미 때문인지 주로 남성들이 많이 쓰긴 하지만, 여성들도 화가 나거나 당황했을 때 자주 사용해요. 예를 들어, 영화 〈브리짓 존스의 일기(Bridget Jones's Diary)〉에서 브리짓이 믹서기를 망가뜨려 음식이 다 튀었을 때 "Bollocks!"라고 외치는 장면이 있고, 〈악마는 프라다를 입는다(The Devil Wears Prada)〉에서도 영국 출신 비서 에밀리가 "What a pile of bollocks!(완전 말도 안 되는 소리야!)"라고 말하며 분노를 표현하죠.

A They said you are the thief. 걔네들이 그러는데 네가 도둑이래.
B That's bollocks! Don't believe that! 헛소리야! 믿지 마!

TIP ♥ 헛소리부터 실수까지, BOLLOCKS의 쓰임새

영국식 영어에서 bollocks는 말도 안 되는 주장에 반박할 때뿐 아니라, 실수하거나 놀랐을 때도 감탄사처럼 사용돼요. That's bollocks!나 Oh, bollocks!(아, 젠장!) 등 상황에 따라 분노, 당황, 짜증 등 다양한 감정을 표현할 수 있죠. 거친 어감이 있으니 공식적인 자리에서는 피하는 게 좋습니다.

A I forgot to print the report! 나 보고서 프린트하는 거 까먹었어!
B **Oh, bollocks!** The meeting starts in 5 minutes! 아, 젠장! 회의 5분밖에 안 남았잖아!

8 You're a muppet/donut!
멍충아! 바보 같이!

"으이구, 바보 같이!(What a muppet/donut!)"라는 어감의 표현이에요.
영국에서는 누군가를 바보 같다고 느낄 때 muppet이나 donut이라는 표현을 사용해요. stupid보다는 더 가볍고 유머러스한 표현이라, 진심으로 화난 상황보다는 가볍게 웃으며 나무랄 때 쓰기 좋습니다. 우리말로 하면 "바부팅이", "멍충이", "허당", 정도의 느낌이랄까요.

muppet은 원래 인형극에 나오는 인형을 뜻하고, donut도 귀엽고 엉뚱한 사람을 부를 때 쓰이죠. 영국의 레전드 TV 드라마 〈The Inbetweeners〉에서도 친구들끼리 서로를 놀릴 때 "You muppet!"이라고 말하는 장면이 자주 등장합니다.

A I locked myself out of the house...
나 또 문 잠그고 밖에 나왔어…

B Not again! You're a muppet.
또야? 아이고 이 바부팅이야!

Dialogue | 영국인들의 실제 대화 엿보기

A You still haven't finished? How come?[1]

B Well... I had so much to do...[2]

A What? You are talking complete poppycock!

B True!

A Are you having me on?[3] I gave you enough time!

B Stop taking the piss. I'm really trying my best.

A Bollocks! You've been skiving off[4] all week.

B That's rubbish! I worked late every day!

A 아직도 못 끝낸 거야? 왜?

B 음… 할 일이 너무 많았어…

A 뭐라고? 말도 안 되는 소리 하고 있네!

B 진짜야!

A 나 놀리는 거야 지금? 시간 충분히 줬잖아!

B 놀리지 마라. 나 진짜 최선을 다하고 있어.

A 웃기고 있네! 너 이번 주 내내 빈둥거렸잖아.

B 말도 안 돼! 나 매일 야근했거든!

💬 회화 포인트

1. How come? (어째서? 왜?)
이유를 따져 물을 때 간단히 쓰기 좋은 표현이에요. How come you still haven't finished?(어째서 아직도 일이 안 끝난 거지?)처럼 How come 뒤에 문장을 붙여 구체적으로 이유를 물을 수도 있죠.

2. I had so much to do. (할 게 너무 많았어.)
'할 일이 많다'고 할 때는 보통 have a lot to do라고 하는데요. '할 일이 많아도 너무 많다'고 강조해서 말하고 싶을 땐 have so much to do를 쓰죠. 평범한 단어들의 조합이지만 일상생활에서 아주 자주 쓰는 표현들입니다.

3. Are you having me on? (나 놀리는 거야?)
상대가 한 말이 믿기지 않거나 농담처럼 느껴질 때 쓰는 표현이에요. "진짜야?", "설마 농담이지?" 같은 느낌으로, 영국식 구어체에서 자주 들을 수 있어요. 말투에 따라 당황, 놀람, 장난스러움까지 다양하게 담을 수 있어요.

4. skive off (땡땡이치다, 빼먹다)
학교나 직장을 일부러 빠지거나 피하는 걸 뜻하는 영국식 표현이에요. "I skived off school today."처럼 말하면 "오늘 학교 땡땡이쳤어."라는 뜻이 되죠. 미국식으로는 play hooky라고도 해요.

💵 Money | 영국의 돈

영국의 화폐는 왕실, 문학, 역사, 예술이 고스란히 담긴 작은 문화의 일부예요. 영국 돈은 "파운드(£, pound)"와 "펜스(p, pence)"로 나뉘는데, 100펜스 = 1파운드입니다. 파운드는 주로 지폐나 고액 동전으로, 펜스는 소액 동전으로 쓰여요.

지폐

영국 지폐는 모두 폴리머(polymer) 소재로 만들어져 물에 젖거나 찢어지지 않아요. 앞면에는 국왕의 초상, 뒷면에는 역사적 인물이 그려져 있으며, 왕이 바뀌면 지폐의 앞면 초상도 바뀝니다. 현재는 찰스 3세의 초상이 새겨진 지폐가 발행되고 있어요.

- **£5:** 가장 작은 단위. 커피·샌드위치 등에 자주 사용. 윈스턴 처칠 초상
- **£10:** 가장 널리 쓰이는 지폐. 제인 오스틴 초상
- **£20:** 자주 쓰이는 실용적인 고액권. J.M.W. 터너 초상
- **£50:** 큰 금액 지불 시 사용. 앨런 튜링 초상
- **£100:** 존재하지만 실생활에서 거의 사용되지 않음

동전

영국 동전은 1p, 2p, 5p, 10p, 20p, 50p, £1, £2가 있어요. 크기와 색, 무게도 다양하며 숨은 이야기가 담겨 있죠.

- **퍼즐 동전:** 1p~50p 동전의 뒷면을 모으면 영국 왕실 문장이 완성돼요.
- **기념 디자인:** £1, £2에는 산업혁명, 과학 발견, 전쟁 기념 등 다양한 영국 역사 이야기가 담겨 있어요.

결제 팁

- **카드 결제:** 대부분 매장에서 비접촉식 카드(터치 결제) 사용 가능 → 단말기에 카드만 대면 자동 결제
- **교통 결제:** 런던에서는 오이스터 카드, 신용카드, Apple Pay로 지하철·버스 이용
- **현금 준비:** 소규모 가게나 마켓에서는 카드 결제를 받지 않거나 £50 이상 지폐를 거절할 수 있음 → £5, £10, £20 지폐와 동전을 함께 준비하면 편리

영국식 돈 표현

- **Fiver:** £5 지폐
- **Tenner:** £10 지폐
- **Quid:** 파운드의 구어 표현 (복수도 quid)
- **Ton:** £100 (속어)
- **Grand:** £1,000
- **P's:** 파운드 또는 펜스를 의미하는 비격식 표현
- **Dosh:** 돈을 뜻하는 속어
- **Coppers:** 1p, 2p처럼 동색의 작은 동전

"발음보다 억양, 억양보다 분위기!"

영국식 발음은 단순한 소리 흉내가 아닙니다. 입모양, 리듬, 억양, 분위기까지 모두 합쳐져야 진짜 영국식이 됩니다. 이 파트에서는 표준 영국식 발음(British Accent)부터 포쉬 발음(Posh Accent)까지 단계적으로 훈련합니다. 귀로 듣고, 입으로 따라 하며 자연스럽게 익히다 보면 어느새 우아한 영국식 억양이 몸에 배게 될 거예요.

PART 3

SOUND
듣고 따라 하는
영국식 발음

British Accent

입모양부터 다른 [영국식 발음]
10

영국 영어 하면 특유의 리듬과 억양이 매력적인 '발음'을 빼놓을 수 없겠죠. 영국 배우 베네딕트 컴버배치의 중저음 악센트, <브리저튼(Bridgerton)> 속 귀족들의 우아한 대화—이런 발음을 듣고 영국식 영어에 빠진 분들도 많을 거예요.

저 역시 영국 영어를 시작하게 된 계기가 발음이었고, 영어를 배울 때 발음에 굉장히 집착하기도 했어요. 하지만 영어 실력이 조금씩 쌓이다 보니 '발음이 전부는 아니구나!'라는 걸 깨달았죠. 어휘, 표현, 문법, 관용구 등 발음 외에도 중요한 요소가 정말 많더라고요. 지금 다시 시작한다면, 발음만 파기보다는 더 균형 있게 공부했을 거예요. 여러분도 발음은 물론, 영어의 다양한 영역에도 관심을 가지면 좋겠습니다.

"아니, 선생님은 영어 잘하시니까 그런 말씀하시죠! 전 지금 당장 영국식 발음이 배우고 싶은 걸요!!" 하고 싶은 분들도 있겠죠?
네, 잔소리는 여기까지. 이제 본격적으로 시작해 볼게요.

영국식 발음을 익히는 첫걸음은 바로 '입모양'이에요. 무작정 따라 하기보다, 입술과 턱, 혀의 위치를 먼저 관찰하고 흉내 내는 게 핵심입니다. 같은 알파벳도 입모양이 달라지면 완전히 다른 발음이 되거든요.

특히 발음은 눈으로만 익히기 어렵기 때문에 거울을 보며 내 입의 움직임을 직접 확인해 보세요. 발음하는 모습을 시각적으로 확인하는 것은 정확도를 높이는 데 큰 도움이 됩니다. 또, 자신의 발음을 녹음해서 들어보면 훨씬 더 객관적으로 피드백할 수 있어요.

이번 유닛은 영국 영어 발음을 막연하게 어렵게 느껴온 분들도, 입모양만 보고 쉽게 따라 할 수 있도록 구성했어요. 실제로 네이티브가 어떤 입모양과 리듬으로 소리를 내는지를 살펴보면, 낯설게만 느껴졌던 영국식 발음도 점점 자연스럽게 들리기 시작할 거예요.

이번 유닛에서는 입모양을 중심으로 헷갈리기 쉬운 발음을 익혀볼 거예요. 그림과 함께, 내 입모양을 직접 따라 해보며 차이를 느껴보세요!

Pronunciation | 영국식 발음 포인트

1

/ɜː/ vs /ɔː/
입술의 둥글림과 턱의 움직임 차이

모음 /ɜː/와 /ɔː/는 같은 '워'처럼 들려도, 입모양이 완전 다릅니다.

/ɜː/(work, worm)는 입을 옆으로 살짝 벌리고 턱을 자연스럽게 내리며 발음해요. '어' 소리처럼 입술은 평평하게 하고 힘을 빼야 하죠.

/ɔː/(walk, warm)는 입술을 동그랗게 모으고 우리말의 '아' 할 때보다 턱을 아래로 더 떨어뜨려 '오어'처럼 발음합니다. 입이 더 둥글게 모이면서 깊은 소리가 나죠.

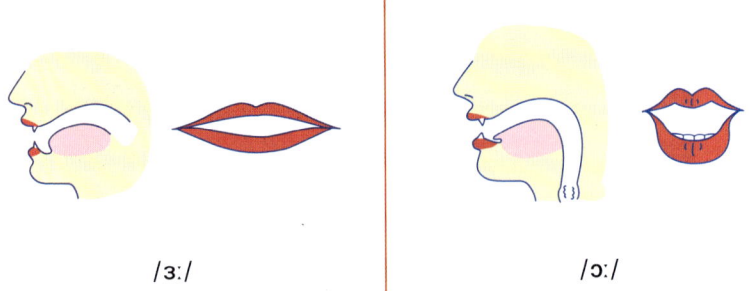

◆ **work /wɜːk/ vs walk /wɔːk/**

work를 발음할 때는 입술을 가볍게 모았다가 "워" 소리와 함께 벌려줍니다. 마지막 "크" 소리에서는 입이 더 열려요. (편의상 '크'라고 우리말로 표기했지만, 영어에는 모음 '으' 발음이 없어요. 따라서 그냥 'ㅋ' 소리로 끝납니다.)

walk를 발음할 때는 입술이 앞으로 모아지며, "오" 소리에서 둥글게 오므라들었다 약하게 "어" 소리로 이어지며 턱이 아래로 떨어집니다. 손을 입술 앞에 대고 움직임을 따라가 보세요.

I walk to work every day.
나는 매일 걸어서 출근해.

I can't walk after work.
퇴근 후에는 못 걷겠어.

◆ **worm /wɜːm/ vs warm /wɔːm/**

worm(지렁이)을 발음할 때는 입을 자연스럽게 벌려요. 혀는 입안 중간 높이 정도에 위치하고, 입술은 거의 움직이지 않습니다.

반면, warm(따뜻한)을 발음할 때는 입을 동그랗게 오므렸다가 턱을 살짝 내려 "워엄(우오엄)" 하고 발음해요. 이때 "오" 소리가 더 강조되죠.

Worms come out when it's warm.
지렁이는 따뜻할 때 나온다.

Worms hid in the warm dirt.
지렁이가 따뜻한 흙 안으로 숨었다.

/iː/ vs /i/
입술의 벌어짐과 혀의 긴장감 차이

/iː/와 /i/는 모두 '이'로 들리지만, 입꼬리와 길이에서 확연한 차이가 납니다.

먼저 /iː/(sheep, cheap, seat, feet)는 입을 양옆으로 좌악 벌리고 입꼬리가 올라갑니다. 그러면 혀는 윗입천장에 가까이 올라가고 긴장된 상태가 유지되죠. 길고 또렷하게 발음됩니다.

반면 /i/(ship, chip, sit, fit)는 입술을 살짝만 벌려 발음합니다. 혀는 편안하게 입안 중간쯤에 위치하죠. 짧고 간결하게 끊어 발음하는 게 포인트예요.

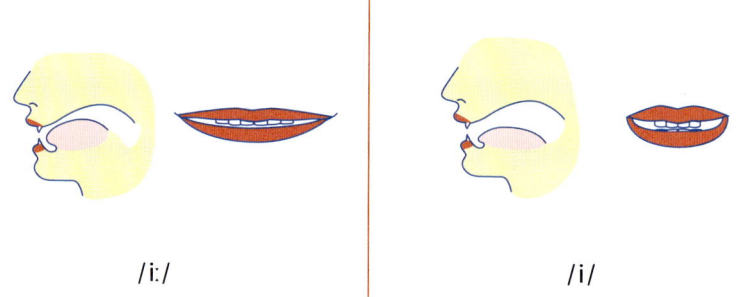

/iː/　　　　　　　/i/

◆ **sheep /ʃiːp/ vs ship /ʃip/**

sheep(양)을 발음할 때는 입을 옆으로 좌악 벌리며 "쉬이잎" 소리를 냅니다. 입꼬리가 올라가고, 긴 '이' 소리가 나죠.

ship(배)은 입술을 약간만 벌리고 짧게 "쉽" 소리를 내요. 혀가 조금 더 아래에 위치해 있고, 소리도 짧고 빠르게 끝납니다.

A ship passed by the sheep.　배가 양들 옆을 지나갔다.

A ship carried wool from sheep.　배가 양털을 실어 나르고 있었다.

◆ cheap /tʃiːp/ vs chip /tʃip/

cheap(값이 싼)은 sheep과 마찬가지로 입술 양옆이 벌어지고, 긴 '이' 소리가 납니다. 입꼬리가 올라가며 미소 짓는(smile face) 입모양이 돼요.

chip(감자튀김)은 입술을 약간만 벌리고 짧게 "칲" 소리를 내요. 혀는 윗입천장 근처에 있지만 긴장감이 덜하고, 입꼬리도 덜 올라가죠.

These chips are really cheap.
이 감자튀김 정말 싸다.

Can I get some more cheap chips?
감자튀김을 좀 더 싸게 살 수 있을까?

◆ seat /siːt/ vs sit /sit/

seat(좌석)은 입을 양옆으로 벌려 긴 "시이읕" 소리를 냅니다. 입꼬리가 올라가고 혀는 윗입천장 가까이에 있어요.

sit(앉다)은 입을 조금만 벌리고 짧게 "싵" 소리를 내요. 혀는 seat보다 낮고, 소리도 훨씬 짧아요.

I want to sit in the seat.　의자에 앉고 싶어요.

Let's sit by the window seat.　창가 자리에 앉자.

◆ **feet /fiːt/** vs **fit /fit/**

feet(발)은 입을 옆으로 좌악 벌리고 길게 "피이잍" 소리를 내요. 입술 양옆이 당겨지는 smile face 입모양, 긴 모음의 전형이에요.

fit(맞다)은 입을 살짝만 벌리고 짧게 "핕" 소리를 내요. 소리가 짧고 단단하게 끊기는 느낌입니다.

It doesn't fit on my feet. 내 발에 안 맞아요.

These shoes fit my feet perfectly. 이 신발은 내 발에 딱 맞아요.

3

/əʊ/ vs /ɒ/
발음의 길이와 입모양 차이

/əʊ/와 /ɒ/는 모두 '오'처럼 들리지만, 서로 다른 발음입니다. 단적으로 말하자면, 하나는 길고 부드럽게, 하나는 짧고 단단하게 발음되죠.

◆ **/əʊ/** (go, memo, hero, also, mango)

미국식 발음기호로는 /oʊ/에 해당되는 "오우" 발음입니다. 발음기호의 차이에서 알 수 있듯, 발음 방식도 미국식과는 조금 다르죠. 영국식 /əʊ/ 발음은 /ə/보다는 /ɜː/에 가까운 소리로 시작해 /ʊ/로 이어지는 이중모음입니다.

입을 옆으로 살짝 벌리고 턱을 자연스럽게 내리며 '어~' 소리를 낸 뒤, 입술을 가볍게 오므려 '우'로 이어보세요. 그러면 "오우"보다는 "어우"에 가까운 소리가 납니다.

이렇다 보니 영국식은 입술을 확실히 오므리고 '오'로 시작하는 미국식과 달리, '오~'도 아니고 '어~'도 아닌 그 중간쯤 되는 소리로 들릴 수 있어요.

이 책에서는 /əʊ/ 발음을 "어~우"로 설명하겠습니다.

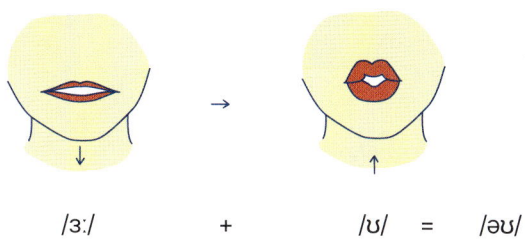

She wrote a memo about the mango.
그 여자분이 망고에 대한 메모를 썼어요.

He's my hero, also my friend.
그는 나의 영웅이자 친구야.

◆ /ɒ/ (hot, not, pot, cot, dot, top)

미국 영어와 영국 영어의 발음 차이를 이야기할 때 가장 먼저 등장하는 소리입니다.
같은 단어라도 미국식은 /ɑː/로 "아~"처럼 소리 나고, 영국식은 /ɒ/로 "오"에 가까운 소리를 냅니다.

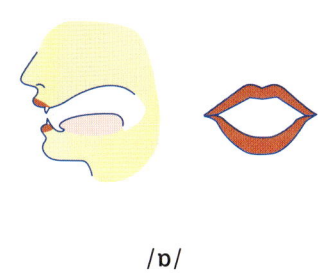

/ɒ/는 입술을 둥글게 오므리지만, /əʊ/처럼 길게 끌지 않고, 짧고 묵직하게 끊어 발음하는 것이 포인트입니다. 그래서 짧고 단단한 "오" 소리가 나는 것이죠.

The top of the pot is missing. 냄비 뚜껑이 없어.

The cot is not comfy. 간이침대(아기침대)는 편하지 않아.

Dialogue | 영국인들의 실제 대화 엿보기

A Do you normally **walk**[1] to **work**?[1]

B Yeah, but I'd like to **go**[2] by bike from time to time as well.

A I guess it's quite **warm**[3] cycling in this weather.

B You're right! It's a bit **hot**,[4] to be honest!

A Well, actually bikes aren't really my thing.

B Why **not**?[4] It's faster than **walking**![1]

A 보통 회사에 걸어서 가?

B 응, 그런데 가끔 자전거 타고 가는 걸 좋아하기도 해.

A 오늘 같은 날씨에 자전거 타면 좀 덥겠는데(너무 따뜻하겠는데).

B 맞아! 사실 살짝 덥긴 해!

A 근데 사실 자전거는 그다지 내 스타일은 아니야.

B 왜 (아냐)? 걷는 것보다 더 빠르잖아!

🗨 발음 포인트

1. walk /wɔːk/ vs **work** /wɜːk/
walk의 모음은 입술을 동그랗게 오므려 깊은 "오어" 소리로, work는 입을 옆으로 벌려 힘을 뺀 "어" 소리로 발음해요.

2. go /gəʊ/
/əʊ/는 "어~우"처럼 부드럽게 이어지는 소리입니다. go by bike는 '자전거를 타고 가다'는 뜻으로, <go by + 교통수단>은 '~로 이동하다'는 의미의 표현이죠.

3. warm /wɔːm/
warm의 모음 역시 walk와 동일한 발음입니다. 입술을 동그랗게 오므렸다 턱을 살짝 내려 "워엄(우오엄)"처럼 발음해 보세요.

4. hot /hɒt/, **not** /nɒt/
/ɒ/는 입술을 둥글게 모아, 짧고 단단하게 끊는 영국식 "오" 소리예요.

Posh Accent 1

포쉬 발음은 영국 영어의 표준 발음, 바로 'RP(Received Pronunciation)'를 말합니다. 영국의 다양한 방언과는 달리 지역색이 거의 없는 표준 영어 발음으로, 공식적이고 격식 있는 자리에서 자주 쓰이죠. 그래서 방송, 교육, 공공기관 등 다양한 분야에서 기준 발음처럼 사용되고 있습니다.

뉴스 방송이나 연극 무대에서도 자주 들을 수 있고, 주로 영국 남부의 상류층이나 고등 교육을 받은 사람들이 사용해 'BBC 영어'라고 불리기도 합니다. (다만, 최근에는 다양성을 반영하기 위해 BBC 등에서도 다양한 악센트를 가진 아나운서들이 등장하고 있어요.)

RP는 정확하고 명료한 발음으로, 외국인들이 영국 영어를 배울 때 '모범'으로 삼는 경우가 많습니다. 동시에 이 발음이 주는 고급스럽고 세련된 인상 때문에 '포쉬(posh)' 발음이라는 별명도 붙었죠. 실제로 영국에서도 RP를 사용하면 세련되고 품위 있는 느낌이 들어 '포쉬하다'는 인상을 주곤 합니다.

RP는 시대와 사용 계층에 따라 Upper RP와 Modern RP로 나뉘는데, 요즘은 구식으로 여겨지는 Upper RP보다는 Modern RP가 더 일반적입니다. 예를 들어, 시대극 드라마 <더 크라운(The Crown)>에 등장하는 인물들이 사용하는 발음이 Upper RP라고 보면 돼요. 이 책에서는 현대에 널리 쓰이는 Modern RP를 중심으로 다룰 예정입니다.

참고로 '포쉬(posh)'라는 단어는 Port Out, Starboard Home의 약자에서 유래했다는 설이 있어요. 19세기 영국의 부유한 사람들이 인도행 여객선에서 가장 좋은 위치의 객실을 예약할 때 쓴 말이라고 전해지지만, 이 어원에 대한 명확한 증거는 없습니다.

제2외국어로 영어를 배우는 분들에게 마지막으로 꼭 드리고 싶은 말은, 발음은 어디까지나 취향이라는 점이에요. 포쉬 발음이 더 좋거나 우월한 게 아니라, 자신에게 잘 맞고 관심이 가는 발음을 선택해 공부하면 된답니다.

그럼 이제, 포쉬 발음을 자연스럽게 구사하는 팁을 하나씩 알아볼까요?

Pronunciation  | 영국식 발음 포인트

> **1**
> ## Flat & Falling
> 끝을 올리지 말고 단정하게 마무리

RP에서는 문장 끝을 올리지 않고 플랫한(평평한) 상태로 문장을 끝내는 것이 특징입니다. 사람의 나이나 환경, 말하는 상황에 따라 약간의 억양 차이는 있지만, 기본적으로 RP는 단정하게 끝나는 어조를 가집니다.

그럼 다음 문장을 포쉬 발음으로 읽어볼까요?

I would need a warm jumper. ↘   따뜻한 니트가 필요할 거야.
I need to eat a sandwich. ↘   나는 샌드위치를 먹어야 해.
Could you pass me the salt? ↘   소금 좀 건네줄래요?
She has a beautiful garden. ↘   그녀는 아름다운 정원을 가지고 있어.

문장의 끝에서 목소리를 평평하게 낮추며 마무리하는 느낌을 기억하세요.

그럼 이제 RP에서 자주 들을 수 있는 모음 소리를 살펴볼까요?

2 /ɑː/
'아~'는 길게!

영국 영어 발음의 특징 중 하나는 'long A sound', 즉 길고 깊게 울리는 /ɑː/ 소리입니다. 입을 크게 열고, 소리를 입 안쪽 깊은 곳에서 울리듯이 내는 것이 특징이에요. 특히 영국식 발음에서는 이 /ɑː/ 사운드를 더 부드럽고 여유 있게 끌어주는 경향이 있습니다. 발음할 때는 입을 편하게 벌리고, 숨을 길게 내쉬면서, 혀를 아래로 살짝 당기는 느낌으로 연습해 보세요.

첫소리	중간소리	끝소리
are /ɑː/	part /pɑːt/	bar /bɑː/
arm /ɑːm/	glass /glɑːs/	far /fɑː/
art /ɑːt/	path /pɑːθ/	car /kɑː/

TIP ♥ 영국의 DRAMA는 미국의 DRAMA와 뭐가 다를까요?

RP에서는 drama, car, bath처럼 /ɑː/ 사운드가 들어가는 단어를 입을 더 넓게 벌리고, 소리를 길게 끌어주는 식으로 발음해요. 미국식 발음보다 부드럽고 여유 있는 느낌을 주는 게 특징이죠. 예를 들어, drama는 RP에서 [drɑːmə], bath는 [bɑːθ]처럼, 짧게 끊지 않고 길게 울려야 영국식 느낌이 자연스럽게 살아나요. 비슷한 단어로는 park, glass, start 같은 것도 있습니다. 영국 드라마를 볼 때 입모양과 발음을 한번 비교해 보세요!

모음뿐만 아니라 자음에서도 포쉬한 느낌이 살아납니다.

그중 대표적인 자음이 바로 /h/ 발음이에요.

/h/ (clear h)
H 발음은 분명하게!

영국 영어의 또 다른 특징은 바로 h 발음을 생략하지 않고 명확하게 내는 것입니다. 실제로 일부 영국 방언에서는 h가 종종 빠지기도 하는데요, 이 경우 우리말 'ㅇ(이응)'처럼 들려버리는 경우도 있습니다.
예를 들어, hello를 "엘로우", holiday를 "올리데이"처럼 말하는 식이죠.

하지만 Modern RP에서는 h 발음을 정확하게 살리는 것이 중요합니다. hello는 "헬로우", hold는 "호울ㄷ"처럼 분명하게 소리를 내야 포쉬한 인상을 줄 수 있어요.
이 특징을 잘 느끼고 싶다면 영화 <해리 포터>에서 엠마 왓슨이 연기한 Hermione의 발음을 떠올려 보세요.

이제 아래 단어들을 직접 소리 내며 연습해 보세요.

    hello   **h**ow   **h**oliday
    hospital   **h**abit   **h**old

특히 다음에 소개할 t 발음은 RP를 상징하는 대표 특징 중 하나죠.

4 /t/ (tapped T)
T 발음은 또렷하게

RP의 또 다른 대표 특징은 t 발음을 또렷하게 발음하는 점입니다. 미국 영어처럼 굴리거나, 코크니처럼 생략하지 않고 깨끗하게 '터' 하고 내는 느낌이죠. 가장 대표적인 예는 water. 미국식은 "워러"처럼 들리지만, RP에서는 "워터"로 t 소리가 살아 있습니다. 처음엔 일부러 과장해서 연습해보는 것도 좋아요. '침 튀기듯이' 발음하라는 말, 농담 같지만 연습할 땐 꽤 효과적이에요.

pre**tt**y	twen**t**y	li**tt**le
toma**t**oes	Sa**t**urday	be**tt**er

단, t 발음을 또렷하게 내야 한다고 해서 너무 힘을 주면 말이 딱딱하게 들릴 수 있어요. 포인트는 '깨끗하게 내되, 부드럽게 연결하는 것'입니다. 억지로 강조하지 않고 자연스럽게 말하는 연습이 중요해요.

TIP ♥ 미국식 T와의 차이점

미국식 영어에서는 t 발음이 약해지거나 d처럼 들리는 경우가 많아요. 이를 flap T라고 부르는데, butter는 "버러", city는 "씨디"처럼 들리죠. 반면 RP에서는 t를 정확히 또렷하게 발음해요. 이 차이를 알면 두 발음의 분위기 차이가 훨씬 잘 느껴질 거예요.

단어	미국식 발음	영국식 RP 발음
water	워러	워터
better	베러	베터
city	씨디	씨티

Connected T
연결돼도 T는 또렷하게!

t 발음은 단어 안에서만 중요한 게 아니에요. 문장 안에서 단어들이 이어질 때도 t 소리를 분명히 내는 것이 RP의 핵심입니다. 예를 들어 It is는 '이리즈'가 아니라 "이티즈", But it은 '버맅'이 아니라 "버티트"처럼, 단어가 연결돼도 소리가 흐려지지 않도록 주의해야 해요.

우리가 말할 때 '음…' 하고 잠시 멈추는 것처럼, 영어에서도 But umm… 같은 표현을 쓰곤 하는데요, 이럴 때도 '버럼'처럼 흘리지 않고 "버텀"처럼 t 소리를 정확히 살리는 것이 포쉬한 억양의 포인트입니다.

이렇게 말 사이에 숨은 t를 놓치지 않고 발음하면, RP 특유의 단정하고 세련된 어조가 자연스럽게 만들어져요.

> **It is pretty.**   예쁘네.
> **But, it is not little.**   근데 작진 않아.
> **Not at all.**   전혀 아니야.
> **What a day.**   참 대단한 하루네.
> **It is not a bad thing.**   그렇게 나쁜 건 아니야.

처음에는 천천히 입모양과 리듬을 의식하면서 연습해 보세요. t를 억지로 세게 내지 않아도, 자연스럽게 살리는 감각이 조금씩 길러질 거예요.

TIP ♥ 미국식 연음과의 차이점

영국식 표준 발음 RP에서는 문장이 연결될 때도 t 소리를 또렷하게 유지하는 것이 특징이에요. 반면 미국식 영어에서는 같은 자리에 있는 t가 흐려지거나 d처럼 연음 처리되는 경우가 많죠.

표현	미국식 발음	영국식 RP 발음
Not at all	낱애롤	노트 앨 올
Get it	게맅	겥 잍
Put it on	푸리런	풑 잍 온
What a day	와러 데이	왙 어 데이

이렇게 말 사이에 숨은 t를 놓치지 않고 발음하면, RP 특유의 리듬감과 명료함이 자연스럽게 살아나요.

137

 **Dialogue** | 영국인들의 실제 대화 엿보기

A　It is[1] so lovely outside today, isn't it?

B　Yeah, but it[2] might rain later.

A　Oh, really? What a[3] shame!

　　But there are no clouds in the sky! Not at all![4]

B　Even if it rains, it is not a problem.

　　I always have an umbrella in my bag.

A　Anyway, it might just be a little bit of[5] rain.

A 오늘 바깥 날씨 진짜 좋다, 그치?

B 응, 근데 나중에 비 올 수도 있대.

A 아, 정말? 아쉽네!

근데 하늘에 구름 한 점 없는데! 그럴 리가!

B 비가 온대도 전혀 문제없어.

내 가방에 항상 우산이 있거든

A 아무튼, 조금만 올 수도 있잖아.

발음 포인트

1. It is [it iz]
포쉬 액센트에서는 /t/ 소리를 생략하지 않고 또렷하게 발음해요.

2. but it [bʌt it]
단어가 이어질 때도 /t/ 소리를 살리는 것이 RP 발음의 특징이에요.

3. What a [wɒt ə]
감탄문에서도 t 소리를 흐리지 않고 발음하는 것이 포쉬한 억양이에요.

4. Not at all [nɒt ət ɔːl]
자주 쓰는 표현일수록 /t/가 흐려지기 쉬운데, 포쉬 액센트에서는 끝까지 정확히 발음하는 게 특징이에요.

5. a little bit of [ə litl bit əv]
빠르게 말할 때도 /t/ 소리를 놓치지 않도록 연습해 보세요. 포쉬 액센트에서는 이 연결이 자연스럽게 들리는 게 포인트예요.

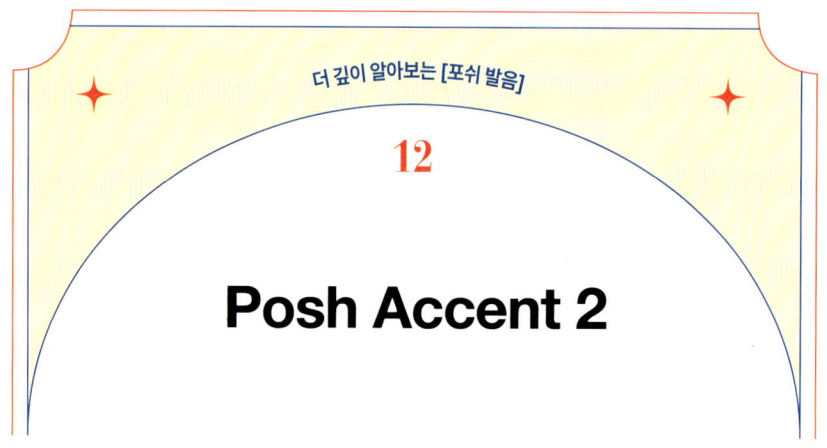

Posh Accent 2

앞에서 포쉬 발음의 기본을 익혔으니, 이번에는 한층 더 섬세한 부분을 들여다볼 차례예요. 포쉬 발음은 영국의 표준 영어 발음, RP(Received Pronunciation)라고 했던 거 기억나죠? 지난 시간에 연습한 핵심 포인트, 다시 한번 짚고 갈게요.

Flat & Falling: 끝을 올리지 말고 단정하게 마무리하기

/ɑː/: 길게 끌어주는 느낌으로

H: h 소리를 생략하지 않기

T: t 발음을 또렷하게

연결되는 T: 단어를 연결할 때도 T는 생략하지 않기

이번 시간에는 이보다 조금 더 디테일한 발음 요소들을 다뤄볼 거예요. 예를 들어, 부드럽게 이어지는 이중모음 /əʊ/, 굴리지 않는 /r/, 그리고 영어 전체 발음의 약 30~35%를 차지한다는 슈와 /ə/ 소리까지—이런 포인트들이 모여 포쉬한 말투를 완성합니다.

RP 발음은 단어 하나하나를 또렷하게 만드는 데 그치지 않고, 말의 전체적인 인상까지 바꿔줘요. 같은 문장이라도 RP로 말하면 더 정중하고 단정하게 들려서, 공식적인 자리나 발표, 인터뷰에서 특히 유용하죠.

또 하나 흥미로운 점은, 이런 발음을 연습하다 보면 '소리'만 달라지는 게 아니라 말하는 태도나 분위기까지 달라진다는 거예요. 말에 힘이 들어가고, 듣는 사람에게도 더 신뢰감 있는 인상을 줄 수 있죠.

그럼 지금부터 본격적으로 연습해 볼까요?

Pronunciation | 영국식 발음 포인트

1

/əʊ/

부드럽게 이어지는 이중모음

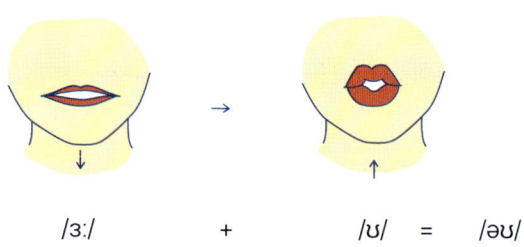

/ɜː/ + /ʊ/ = /əʊ/

포쉬 발음의 핵심 중 하나는 /əʊ/ 소리예요. 'long O sound'라고도 불리며, 이중모음(diphthong)에 속하죠. 짧게 "오!" 하고 끊는 게 아니라, "어~우"처럼 두 소리를 부드럽게 이어주는 게 포인트예요. 이때 앞부분은 '어'에 가까운 소리로, 뒷부분의 '우'는 살짝 덧붙는 듯 희미하게 들려야 자연스럽습니다.

예를 들어, phone은 미국식 발음에서는 [foun]처럼 '오우' 소리를 짧고 또렷하게 내서 '폰'에 가깝게 들리지만, RP에서는 [fəʊn]으로 부드럽고 늘어진 느낌의 발음이 나요. '폰'이 아니라 '퍼오운'처럼 들릴 수 있죠. 이 차이가 포쉬한 분위기를 만들어주는 핵심이에요.

hope [həʊp]   loan [ləʊn]   joke [dʒəʊk]
follow [ˈfɒləʊ]   coat [kəʊt]   although [ɔːlˈðəʊ]

이 /əʊ/ 소리를 낼 때는, 입을 옆으로 살짝 벌리고 턱을 자연스럽게 내려 '어~' 소리로 시작한 뒤, 입술을 살짝 오므려 '우'로 이어보세요. 처음엔 조금 과장되게 연습해도 괜찮아요. 소리를 부드럽게 늘려 발음하는 걸 의식하다 보면, RP 특유의 세련되고 우아한 느낌이 자연스럽게 살아날 거예요.

이제 예문으로 연습해 볼게요!

I will follow you to the store.
가게까지 너를 따라갈게.

She took out a loan to buy a car.
그녀는 차를 사기 위해 대출을 받았어.

He told a funny joke at the party.
그는 파티에서 재미있는 농담을 했어.

TIP ♥ "NO"도 포쉬하게?

RP에서는 미국식처럼 짧게 끊지 않고, "너~우"처럼 부드럽고 길게 발음돼요. 이런 작은 차이 하나만으로도 말투 전체에 신중하고 세련된 인상을 더해줄 수 있어요. 같은 "No."라도 발음만 달라지면 완전히 다른 어감이 되죠.

- **No**, thank you.
  → 짧게 말하면 단호하게 들리고,
  → 길고 부드럽게 말하면 공손하고 정중한 느낌이 살아나요.

2

/iŋ/
ing는 또렷하게

포쉬 발음의 또 다른 특징은 -ing로 끝나는 단어를 정확하게 발음하는 거예요. 미국식 영어에서는 talking을 "톡킨"처럼 [ˈtɔːkin]으로 줄여 말하는 경우가 많지만, RP에서는 끝소리 /ɪŋ/을 생략하지 않고 [ˈtɔːkiŋ]처럼 또렷하게 발음합니다. 이 작은 차이가 말투를 훨씬 더 정돈되고 세련되게 만들어주죠.

talking [ˈtɔːkiŋ]   **runn**ing [ˈrʌniŋ]   **ring**ing [ˈrɪŋ(g)iŋ]

처음에는 '잉' 소리가 조금 어색하게 느껴질 수 있지만, 익숙해지면 자연스럽게 고급스러운 인상을 줄 수 있어요. 끝소리를 부드럽게 끊지 말고, 혀끝을 입천장에 닿지 않도록 조심하며 내보세요.

Are you listening? I am talking to you.
듣고 있어? 내가 지금 말하고 있잖아.

I was running when you called me.
네가 전화했을 때 나는 달리고 있었어.

The phone is ringing, but no one is picking up.
전화가 울리고 있는데 아무도 받지를 않아.

TIP ♥ 문자로도 '잉' 생략해요

영국 젊은 층 사이에서는 텍스트나 SNS에서 -ing 대신 -in'으로 쓰는 경우도 많습니다. 하지만 formal한 자리나 발표에선 RP처럼 또렷하게 -ing를 발음하는 것이 훨씬 더 신뢰감 있어 보여요!

- going → goin'
- talking → talkin'

/r/
중간의 R은 굴리지 않기

RP에서는 단어 중간에 있는 /r/ 소리를 굴리지 않는 것이 특징이에요. 미국식 영어에서는 hard, party, work 같은 단어에서 r 소리를 혀로 또렷하게 굴려 발음하지만, RP에서는 그 r 소리를 굴리지 않고, 모음만 자연스럽게 발음해요.

예컨대, party는 [ˈpɑːrti]가 아니라 [ˈpɑːti]처럼, r 소리 없이 부드럽게 끝나는 느낌이에요. 이게 바로 포멀하고 정제된 분위기를 만들어주는 작은 차이죠.

hard [hɑːd]　　　**work** [wɜːk]　　　**party** [ˈpɑːti]

다만, run, rain, rest처럼 단어의 앞에 오는 r은 굴리지 말고 또렷하게 발음해야 해요. 뒤에 모음이 이어지는 경우도 소리를 생략하면 안 됩니다!

I can't force him to work.　그에게 일을 강요할 수 없어.

My work is harder than before.　업무가 전보다 힘들어요.

My mum doesn't want me to go to the party.
엄마는 내가 파티에 가는 걸 원하지 않아.

TIP ♥ MUM vs MOM?

영국에서는 '엄마'를 Mum 또는 Mummy라고 부르지만, 미국에서는 Mom 또는 Mommy라고 해요. 철자뿐 아니라 발음도 다르기 때문에, 영국식 영어를 연습할 땐 Mum을 쓰는 게 자연스럽습니다. 특히 RP에서는 Mum의 /ʌ/ 소리가 짧고 입을 덜 벌려 발음되는 것이 특징이에요. 미국식 Mom의 /ɑː/는 좀 더 길고 입이 크게 벌어지는 소리랍니다.

/ə/
힘을 뺀 슈와 사운드

RP 발음에서 절대 빼놓을 수 없는 소리, 바로 /ə/, 슈와 사운드(Schwa Sound)입니다. The most common sound in the English language! 영어에서 가장 흔하게 등장하는 소리로, 현대 RP 발음의 약 30-35%를 차지한다고 해요.

슈와는 힘을 쫙 빼고, 짧고 가볍게 "어"라고 발음하는 소리예요. 입을 크게 벌리지 않고, 말하다가 잠깐 쉬듯 툭 내뱉는 느낌이죠. 혀에 힘도 주지 않고, 말하듯 자연스럽게 흘려주는 것이 핵심이에요.

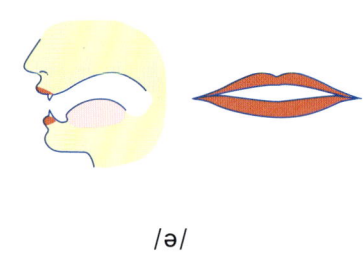

/ə/

앞, 중간, 끝 어디에서든 등장할 수 있어서, 단어 예시로 꼭 연습해 보세요.

about [əˈbaʊt]   around [əˈraʊnd]   agree [əˈgriː]

support [səˈpɔːt]   banana [bəˈnɑːnə]   condition [kənˈdɪʃən]

doctor [ˈdɒktə]   teacher [ˈtiːtʃə]   sofa [ˈsəʊfə]

예문을 통해 단어뿐 아니라 문장에서 발음하고 듣는 법도 함께 연습해 보세요.

My sister is a doctor.
내 여동생은 의사야.

The teacher will arrive later.
선생님은 나중에 도착하실 거야.

I need to buy a new sofa.
나는 새 소파를 사야 해.

TIP ♥ 힘을 빼고 흘려보세요!

슈와 /ə/는 의미보다 소리의 힘을 얼마나 빼느냐가 중요해요. 영어권 아이들도 "Relax. Do nothing."이라는 말로 이 소리를 연습해요. 입에 힘을 주지 말고 툭 흘려 내뱉는 게 포인트죠. 영국 뉴스나 BBC 방송을 들을 때, 중간중간 들리는 '흘러가는 어' 소리가 바로 슈와예요. 단어마다 명확히 들리진 않지만, 문장을 부드럽게 연결해주는 역할을 하죠.

Dialogue

영국인들의 실제 대화 엿보기

A What are you[1] **planning** to do this weekend?

B I was **thinking of**[2] **going for a**[3] run.

A That sounds lovely. Where do you **normally go**?

B I like to run **along**[4] the **river**.

A Brilliant! I might tag **along**[4] this time.

B It would be fun **together**!

A 이번 주말에 뭐 할 계획이야?

B 달리기하러 갈까 생각 중이었어.

A 오, 좋다. 평소에 어디서 뛰어?

B 강가 따라서 뛰는 걸 좋아해.

A 잘됐다! 이번에 나도 같이 갈까?

B 같이 뛰면 더 재밌을 거야!

 발음 포인트

1. **What are you** [ˈwɒt ə ju]
"워터 유"처럼 /t/ 소리를 또렷하게 발음하는 것이 포쉬 액센트에 가까워요. are는 문장 속에 있을 땐 소리가 약화되어 슈와 /ə/로 소리 납니다.

2. **thinking of** [ˈθɪŋkɪŋ əv]
/ɪŋ/을 줄이지 않고 끝까지 발음하는 것이 RP의 특징이에요. 전치사 of의 o- 역시 소리가 약화되어 슈와 사운드로 발음되죠.

3. **going for a** [ˈɡəʊɪŋ fər ə]
/əʊ/와 /ɪŋ/을 부드럽고 길게 연결하는 것이 RP 발음이에요.

4. **along** [əˈlɒŋ]
슈와 사운드 /ə/로 시작되는 단어입니다. 힘을 쫙 빼고, 짧고 가볍게 "어"로 발음을 시작해 보세요.

British Special

Toilet | 영국의 화장실

한국에서는 지하철, 카페, 회사 빌딩, 상가건물 2층 등 일상 속에서 공공 화장실을 비교적 쉽게 찾을 수 있죠. 하지만 영국을 비롯한 유럽 대부분의 나라에서는 공공 화장실이 드물고, 있는 곳도 대부분 유료예요.

특히 기차역, 공원, 광장처럼 유동 인구가 많은 곳엔 코인 투입식 유료 화장실이 많은데, 요금을 낸다고 꼭 쾌적한 것도 아니라는 점! 😅

그래서 현지에서는 카페에서 음료를 주문하거나, 펍에 들어가 팁을 건네며 화장실을 이용하는 경우도 있어요. 가끔은 급해 보이면 그냥 들여 보내주기도 하죠.

이때 헷갈릴 수 있는 표현이 하나 있어요. 미국에서는 **toilet**이 '변기'를 뜻하지만, 영국에서는 '화장실'을 뜻하는 가장 일반적인 표현이에요. 상황이나 지역에 따라 다른 표현들도 함께 쓰이죠.

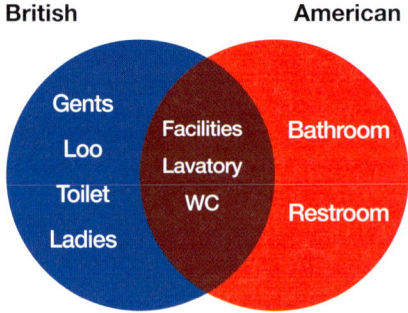

화장실이 어디냐고 물을 때, 영국에서는 "Can I use the toilet?"라고 묻는 게 가장 일반적이에요.

영국 vs 미국, 화장실 표현

뜻	영국	미국
화장실	Toilet, Loo, WC	Bathroom, Restroom
여자 화장실	Ladies	Women's restroom
남자 화장실	Gents	Men's restroom
완곡한 표현	Facilities, Lavatory	Washroom (Canada)

알아두면 좋은 표현

표현	설명
wee / pee	'오줌, 오줌 누다'는 뜻으로 영국은 wee, 미국은 pee가 더 흔해요.
answer the call of nature	'자연의 부름에 응하다' → 화장실에 가다를 완곡하게 표현한 말
Nature is calling	위 표현과 같은 뜻으로, 조금 더 캐주얼한 느낌이에요.
spend a penny	공공 화장실 요금이 1페니였던 데서 유래한 표현 (지금도 일부 사용)
safety wee	출발 전에 미리 다녀오라는 뜻. 아이에게 자주 쓰는 표현이에요.
bathroom break / potty break	미국식 표현. potty는 유아용 변기를 뜻해요.

"영국을 이해하려면, 티타임부터 시작하세요!"

영국인에게 티타임은 단순한 식사 시간이 아닙니다. 하루의 리듬, 관계의 온도, 삶의 여유가 담긴 문화입니다. 이 파트에서는 티 문화와 함께 쓰이는 표현, 관용구 등을 배웁니다. '찻잔 속의 영어'는 의외로 실생활에서 자주 쓰이고, 영국적인 분위기를 살리는 데 탁월합니다. 차와 함께 영국식 감성을 차분히 음미해 보세요.

PART 4

TEA

티타임으로 만나는
영국식 감성

일상 속 [영국 티 문화]

13

British Tea Moments

이번에는 영국을 대표하는 문화를 소개해 볼게요. 여러분은 '영국' 하면 무엇이 가장 먼저 떠오르시나요? 날씨, 축구, 왕실, 해리포터, 피시 앤 칩스 등 다양한 이미지가 있지만, 그중에서도 '티(tea) 문화'는 빼놓을 수 없죠. 오늘은 영국의 일상과 깊이 연결된 티 문화를 통해, 생생한 영어 표현을 함께 배워보려고 해요.

'영국 영어를 배우는 데 티 문화가 왜 필요하지?'라고 생각하실 수도 있어요. 하지만 문화는 언어를 배우는 데 꼭 필요한 배경입니다. 저도 영국의 역사와 문화를 좋아해서 영어 공부가 딱딱한 '학습'이 아니라, 자연스럽고 즐거운 경험이 될 수 있었거든요. 그래서 이 유닛에서는 단순히 표현만 익히는 것이 아니라, 그 표현이 나온 문화를 함께 느껴보셨으면 해요.

한국에서는 커피가 더 대중적이지만, 영국에서는 전통적으로 티를 즐기는 문화가 뿌리 깊게 자리잡고 있어요. 물론 요즘 영국인들도 커피를 자주 마시긴 하지만, 티는 단순한 음료가 아니라 영국인의 정체성을 상징하는 문화예요.

특히 티타임은 단순한 휴식 시간이 아니라, 예절과 소통이 자연스럽게 오가는 중요한 일상의 한 부분이기도 하죠.

그리고 이 티 문화는 언어와도 깊이 연결돼 있어요. 예를 들어, '차를 우리다'는 brew, '비스킷을 적시다'는 dunk, '차 한잔 할래?'는 Fancy a cuppa? 같은 표현처럼요. 이런 단어와 말투를 알고 있으면, 영국 드라마나 일상 회화도 훨씬 더 생생하게 다가올 거예요.

자, 그럼 이제 본격적으로 영국의 티 문화와 그 속에서 탄생한 영어 표현들을 하나씩 알아볼까요?

Culture | 영국식 일상과 문화

1

tea cup & saucer
격식 있는 차 마시기

이 그림을 봐주세요. 사진에서 찻잔뿐만 아니라, 접시 모양의 찻잔받침도 함께 있는 것을 볼 수 있습니다.

찻잔은 tea cup, 찻잔받침은 saucer라고 해요. 격식을 갖춘 분위기나 상황에서 차를 마실 때, 집에 손님이 올 때 tea cup과 saucer를 함께 사용해 차를 마시지만, 평소에는 mug에 간편하게 차를 타 마시는 경우가 많습니다.

TIP ♥ MUG CUP은 콩글리시!

한국에서 흔히 쓰는 '머그컵'은 잘못된 표현이에요. mug 자체에 컵이라는 의미가 포함돼 있어 mug cup이라고 하면 중복 표현이 됩니다. 영어로는 그냥 mug 또는 ceramic mug, coffee mug처럼 표현하면 충분합니다.

black tea vs herbal tea
블랙티와 허브티

영국인이 즐겨 마시는 차는 크게 블랙티와 허브티로 나뉩니다. 블랙티는 대표적인 잉글리시 브렉퍼스트 티(English breakfast tea)를 의미해요. 그 외에도 아삼(Assam), 다즐링(Darjeeling), 얼그레이(Earl Grey), 실론(Ceylon) 등 다양한 종류가 있죠. 차를 마시는 카페인 티룸(tea room)에서 블랙티를 주문하면 기본적으로 English breakfast가 제공되는 경우가 많습니다.

Can I have a black tea? 블랙티(잉글리시 브렉퍼스트 티) 한 잔 주세요.
Can I have an Earl Grey tea? 얼그레이 티 한 잔 주세요.

반면, 캐모마일(chamomile), 페퍼민트(peppermint), 루이보스(rooibos), 히비스커스(hibiscus), 라벤더(lavender), 진저(ginger), 로즈힙(rose hip) 등은 모두 허브티(herbal tea)에 속합니다. 영국식 영어에서는 herbal의 h 발음을 생략하지 않고 "허벌"처럼 또렷하게 발음해요.

TIP ♥ 티의 다양한 형태

tea bag (찻잎 담긴 망)　　loose leaf tea (찻잎 그대로 사용)　　strainer (찻잎 거름망)

영국 티룸에서는 loose tea와 전용 티포트, strainer 세트를 함께 제공하기도 합니다. 찻잎의 향과 맛을 온전히 즐길 수 있는 loose tea는 고급 티룸에서 특히 선호하죠.

one sugar / lump / cube
차에 설탕 추가하기

How do you like your tea?(차 어떻게 드세요?)는 영국 티타임에서 자주 들을 수 있는 표현이에요. 설탕을 얼마나, 어떤 형태로 넣을지를 자연스럽게 물을 때 쓰이죠.

설탕 표현은 '양'과 '형태'에 따라 달라요. 설탕 하면 가장 먼저 떠오르는 sugar는 한 스푼씩 넣는 가루 설탕이에요. 설탕 한 스푼은 one sugar, 두 스푼은 two sugars처럼 숫자를 붙여 말하죠. 덩어리 설탕은 lump라고 해요. 한 덩이는 one lump 또는 a single lump, 두 덩이는 two lumps라고 표현하죠. 각설탕은 cube라고 하며, 주로 커피에 넣고, cube of sugar처럼 말해요.

sugar

cube

Can I have two sugars?
설탕 두 개 주세요.

Just a single lump of sugar, please.
설탕 한 덩이만 주세요.

Would you like a cube of sugar in your espresso?
에스프레소에 각설탕 한 개 넣으실래요?

4) weak / strong / milky / bitter
차의 농도와 맛 조절하기

차의 농도를 표현할 때는 weak(약)와 strong(진한)을 자주 써요. weak tea는 농도가 연한 차, strong tea는 진하게 우린 차를 뜻하죠. 보통 영국에서는 티백을 2분 정도 우리는데, 더 오래 우릴수록 맛이 진해져 strong tea가 돼요.

Do you like it weak? 차를 연하게 마시는 것을 좋아하세요?

Do you like it strong? 차를 진하게 마시는 것을 좋아하세요?

우유를 넣은 홍차는 밀크티라고 부르며, 우유의 양에 따라 표현도 달라져요. 우유가 많이 들어가면 milky, 우유가 적어 차의 진한 맛이 강하게 느껴지면 strong 또는 bitter(씁쓸한)라고 할 수 있어요.

Is this tea milky, or is it bitter?
이 홍차는 우유 맛이 많이 나나요, 아니면 씁쓸한가요?

I always drink strong tea without any sugar.
저는 항상 설탕 없이 진한 차를 마셔요.

TIP ♥ DIPPING이 아니라 DUNKING!

영국 티문화에는 비스킷을 차에 적셔 먹는 dunking 문화가 있어요. dunk는 '담그다'는 뜻이죠. '차를 우리다'는 brew, 너무 오래 우린 차는 stewed라고 해요. 참고로 stew는 '찌개'나 '스튜'를 뜻하며, 김치찌개는 영어로 kimchi stew라고 합니다.

- I like **dunking** biscuits in my tea. 비스킷을 차에 적셔 먹는 걸 좋아해요.

5 afternoon tea / cream tea / high tea
재미있는 티 이야기

애프터눈 티(afternoon tea)는 19세기 영국에서 시작된 전통으로, 빅토리아 시대의 Anna Maria Russell 공작부인이 오후 배고픔을 달래기 위해 차와 간단한 음식을 곁들인 데서 유래했어요. 이 습관은 상류층 사이에서 사교 문화로 자리잡았고, 오늘날의 우아한 애프터눈 티 문화로 발전했죠.

보통 애프터눈 티는 오후 3~4시에 2~3단 트레이의 디저트와 함께 즐겨요. 이와 비슷하지만 간소한 버전이 cream tea인데, 크림으로 만든 차가 아니라, 스콘(scone), 차(tea), 클로티드 크림(clotted cream), 잼(jam)으로 구성된 세트예요. 저도 3개월 동안 티룸에서 아르바이트하던 시절, 이름만 보고 크림이 들어간 차라고 착각해 실수했던 기억이 있어요.

cream tea

afternoon tea는 low tea라고도 불러요. 낮은 테이블에 트레이를 올려 즐기는 데서 나온 말이죠. 반면, high tea는 오후 5~6시쯤 저녁식사 겸 차를 마시는 형태로, 미트 파이 같은 짭짤한(savory) 음식이 함께 나옵니다. 높은 테이블에서 먹는 데서 high라는 말이 붙었어요.

I always get cream tea when I go to a tearoom.
티룸에 가면 항상 크림 티를 주문해요.

We had afternoon tea at a hotel overlooking the Thames.
우리는 템스강이 내려다보이는 호텔에서 애프터눈 티를 즐겼어요.

6-12 motion
영국의 티 에티켓

차를 젓는 것을 stirring이라고 해요. 영국에서는 포멀한 티타임 예절 중 하나로 '6-12 motion(six to twelve motion이라고 말해요.)'이 있어요. 수저로 찻잔 안을 원형으로 젓는 대신, 시계 방향 기준으로 6시에서 12시 방향을 오가며 부드럽게 저어요. 넷플릭스 드라마 <더 크라운(The Crown)>에서도 이러한 장면이 자주 등장합니다.

또, 차를 마실 때는 소리를 내지 않고 조용히 마시는 것이 예의예요. slurping(소리 내며 마시기)은 피해야 해요.

Stir your tea with a gentle 6-12 motion.
6시에서 12시 방향을 오가며 부드럽게 차를 저으세요.

Keep the spoon in a 6 to 12 motion.
스푼을 6시에서 12시 방향을 오가며 저어주세요.

TIP ♥ CUPPA가 무슨 말이죠?

a cup of는 구어체로 줄여서 a cuppa 또는 그냥 cuppa라고 해요. "Fancy a cuppa?(차 한잔 할래요?)"는 영국 드라마나 영화에서도 자주 들을 수 있는 표현이랍니다. 다만, 격식을 갖춘 자리에서는 굳이 사용하지 않아요.

- I'd love **a cuppa** after that long day.
  긴 하루 끝에 차 한 잔 하고 싶어요.

🇬🇧 Dialogue | 영국인들의 실제 대화 엿보기

A   Fancy a cuppa?[1]

B   Yes, please![2] Do you like your tea weak or strong?

A   I prefer it strong, but without any sugar please.

B   I like mine milky with a single lump of sugar.

A   Got it.[3] I'll grab some biscuits for dunking as well.

B   Perfect![4] I love dunking biscuits in tea.

A 차 한잔 할래?

B 응, 좋아! 너는 차를 연하게 마셔, 아니면 진하게 마셔?

A 난 진한 차를 좋아해, 설탕 없이.

B 난 설탕 한 덩이에 우유 좀 넣는 게 좋아.

A 알겠어. 적셔 먹을 비스킷도 가져올게.

B 완벽해! 차에 비스킷 적셔 먹는 거 너무 좋아.

💬 회화 포인트

1. Fancy a cuppa? (차 한잔 할래?)
Fancy ~?는 '~할래?'라는 의미로 영국에서 캐주얼하게 쓰는 제안 표현이죠. a cup of의 구어체 표현인 cuppa도 영국에서 매우 흔하게 쓰이는 표현이라는 거, 이젠 알죠?

2. Yes, please! (네, 좋아요!)
정중하게 긍정 의사를 표현할 때 자주 사용해요.

3. Got it. (알겠어.)
이해했음을 간단히 표현할 때 쓰는 자연스러운 표현이에요.

4. Perfect! (완벽해!)
상황이나 제안에 만족할 때 쓰는 긍정적인 반응이에요.

Tea Expressions

차(tea)와 잘 어울리는 영국식 디저트 하면, 뭐가 가장 먼저 떠오르시나요? 바로 '스콘(scone)'이죠! 따뜻한 블랙티에 잼과 클로티드 크림을 곁들인 스콘— 생각만 해도 군침이 도는 조합이에요. 이번에는 이 scone의 발음 차이부터 여기서 먼저 살펴본 다음, 티타임에 자주 쓰이는 표현들을 영국 일상 속 티 문화와 함께 본격적으로 소개해 드릴게요.

scone의 발음은 보통 두 가지로 나뉘는데요, 하나는 [skɒn ㅅ-콘], 다른 하나는 [skəʊn ㅅ-커~운]입니다. 이는 지역별 발음 차이와 영국 특유의 방언 영향 때문인데요, 이 발음 차이는 영국 내에서 농담의 소재가 될 만큼, 지역이나 계급 정체성과도 연결되곤 합니다.

첫 번째 발음은 좀 더 포멀하고 '포쉬'한 느낌, 두 번째처럼 끝을 '어~운'으로 끄는 방식은 보다 캐주얼하고 일상적인 발음이에요. 하지만 어떤 발음이 맞고 틀리다기보다, 말하는 사람의 지역이나 말투에 따라 자연스럽게 나뉘는 것이니 편하게 받아들이면 좋습니다.

Would you like a scone with your tea?
차와 함께 스콘을 드시겠어요?

I'll have a scone with jam and cream, please.
잼과 크림을 얹은 스콘을 주세요.

Scones are perfect for afternoon tea.
스콘은 애프터눈 티에 딱이죠.

티 문화가 영국인의 일상에 얼마나 깊이 자리잡고 있는지를 보여주는 흥미로운 사례가 있어요. 바로 전통 스포츠 '크리켓(cricket)'입니다. 야구의 기원으로도 알려진 크리켓은 경기 중간에 '티타임'이 있는 독특한 스포츠로, 영국적인 특징을 잘 보여줍니다. 이 티타임은 단순한 휴식이 아니라, 선수와 심판 모두가 함께 재충전하는 중요한 시간이기도 하죠. 경기 속에 티타임이 자연스럽게 포함돼 있는 걸 보면, 티 문화가 영국인들에게 얼마나 중요한지 새삼 느껴지지 않나요?

이처럼 티는 영국인의 삶과 문화, 언어 속에 깊숙이 자리잡고 있습니다. 이번 유닛에서는 강한 블랙티의 별명부터, 티를 준비하며 오가는 생생한 표현들까지—영국식 티타임 속 진짜 표현들을 함께 배워보겠습니다.

 **Culture** | 영국식 일상과 문화

1
Builder's Brew
강하고 진한 블랙티

Builder는 건축 현장에서 일하는 사람들을 뜻하는데요, 그들이 즐겨 마시던 대표적인 차가 바로 Builder's Brew입니다. 설탕을 듬뿍 넣은 진한(strong) 블랙티로, 피로를 달래주는 강한 맛과 즉각적인 활력을 주는 단맛 때문에 에너지가 필요한 작업 중간에 딱 어울리는 음료였죠.

하지만 이 표현은 꼭 건축 노동자만 쓰는 건 아니예요. 진한 블랙티가 마시고 싶을 때, 누구든 쓸 수 있는 표현입니다.

Can you make me a Builder's Brew?
강하고 진한 블랙티 한 잔 만들어줄래?

A Builder's Brew with two sugars is my go-to drink.
설탕 두 개 넣은 진한 블랙티가 내 최애 음료야.

TIP ♥ 진한 차를 부탁하는 표현

Builder's Brew처럼 진한 차를 원할 때는 **strong**이라는 말을 써서 직접 부탁할 수 있어요. 영국에서는 자신의 차 취향을 분명히 말하는 걸 전혀 부담스러워하지 않아요.

- Make it **strong**, please. 진하게 만들어 주세요.
- I like my tea **strong**. 난 차는 진한 게 좋아.

room for milk
우유를 넣을 공간

"우유를 넣을 여유 공간을 남겨주세요"라는 뜻으로, 영국인들은 차에 우유를 넣어 쓴맛을 줄이고 풍미를 더한다고 생각해요.

이런 습관은 제2차 세계 대전 중 더욱 퍼졌습니다. 당시 차와 설탕은 배급제로 제공됐고, 우유도 귀했기 때문에 소량의 우유로 맛을 부드럽게 하면서 절약하는 방식으로 자리잡았죠. 또 상류층에서는 고급 도자기 찻잔이 뜨거운 물에 깨지는 것을 방지하려 찻잔에 우유를 먼저 붓고 그 위에 차를 따르기도 했어요.

Can I have room for milk? 우유 넣을 공간 좀 남겨줄래?

Should I leave room for milk? 우유 공간을 남겨 드릴까요?

Just a bit of room for milk, please. 우유 공간을 조금만 남겨주세요.

TIP ♥ 우유를 넣는 타이밍

영국의 티 문화에서는 우유를 언제 넣느냐도 중요한 포인트입니다. 전통적으로는 'milk first'와 'tea first'라는 두 방식이 있죠. milk first는 찻잔에 우유를 먼저 붓고 차를 나중에 따르는 방식으로, 뜨거운 물이 도자기를 깨뜨리는 걸 방지하려는 실용적인 이유에서 시작됐어요. 반면 tea first는 차를 먼저 따른 뒤 색이나 농도를 보고 우유량을 조절하는 방법입니다. 작은 차이 같지만, 이런 디테일이 영국 티 문화를 보여주는 포인트예요.

3   tea spoon of sugar
설탕 한두 스푼 넣기

차에 설탕을 얼마나 넣을지를 말할 때는 tea spoon이라는 표현을 씁니다. 한 스푼은 one tea spoon of sugar, 두 스푼은 two tea spoons of sugar라고 하죠. 여기서 중요한 점은, tea spoon은 두 단어로 띄어 써야 한다는 것입니다.

요리나 음료에 쓰이는 계량 단위 teaspoon(티스푼)과는 구분해야 해요. 예를 들어 "Add one teaspoon of sugar to your tea."는 정확한 계량을 말할 때 사용되고, tea spoon은 일상적인 대화에서 쓰는 표현에 더 가깝습니다.

참고로 "A Spoonful of Sugar"는 '한 스푼의 설탕'이라는 뜻으로, 영국 영화 <메리 포핀스(1964)>의 유명한 노래 제목이기도 해요. 이 표현은 단순한 설탕을 넘어, 작은 친절이나 위로가 일상에 기분 좋은 단맛을 더해준다는 의미로도 받아들여져요. 영국인들이 차에 설탕 한두 스푼을 넣는 습관을 '작은 위안의 순간'처럼 여기는 문화적 배경도 있답니다.

I'd like one tea spoon of sugar in my tea.
차에 설탕 한 스푼 넣어주세요.

He has his tea with two tea spoons of sugar.
그는 차에 설탕 두 스푼을 넣어 마셔요.

4

fancy a brew
티를 마시고 싶다

친구나 가족과의 일상적인 대화에서 친근하게 차를 권할 때, "(Do you) Fancy a brew?(차 한잔 마실래?)"라는 표현을 자주 씁니다. 영국식 티타임의 시작을 알리는 말로, brew 대신 cuppa를 넣어 "Fancy a cuppa?"라고 해도 되죠.

좀 더 격식을 차린 표현으로는, "Would you like[care for] a cup of tea?" 또는 "Would you be up for a tea break?" 등도 사용할 수 있습니다.

영국인에게 티타임은 단순한 음료 시간이 아니라, 마음을 가라앉히고 여유를 즐기는 중요한 일상의 리추얼(ritual)입니다. 차를 마시며 일상에서 벗어나 잠시 휴식을 갖는 이 시간은, 마음챙김(mindfulness)처럼 영국인들이 소중히 여기는 순간이기도 하죠.

Do you fancy a brew after lunch?
점심 후에 차 한잔 할래?

Yes, I fancy a brew. Let's sit and chat.
응, 차 한잔 좋아. 앉아서 이야기하자.

TIP ♥ 영국인이 사랑하는 동사 FANCY

fancy는 '~하고 싶다'라는 뜻으로, 영국에서 자주 쓰이는 친근한 표현입니다. Do you fancy ~?는 상대의 의향을 물을 때 쓰며, Would you like ~?보다 더 자연스럽고 부드러운 느낌을 주죠. 또한, fancy는 단순히 하고 싶은 것을 말할 때뿐 아니라, 어떤 대상에 끌리거나 호감을 표현할 때도 사용됩니다.

- Do you **fancy** a walk this evening? 오늘 저녁에 산책할래?
- I **fancy** that new café in the town centre. 시내 중심에 생긴 그 새 카페 마음에 들어.

pop the kettle on
주전자에 물을 끓이다

영국의 티타임 문화에서 주전자를 끓이는 일은 차를 준비하는 첫 단계이자, 티타임의 시작을 알리는 제스처입니다. 영국에서는 Can you put the kettle on?(주전자에 물 좀 끓여줄래?)보다 "Can you pop the kettle on?"이라는 표현을 더 자주 사용해요.

여기서 pop은 '가볍게', '후딱' 같은 의미를 더해 표현을 더욱 친근하고 일상적으로 만들어 줍니다. 이러한 표현은 "Best tea is made by someone else.(남이 끓여주는 차가 최고야.)"라는 유머와도 잘 어울리는데요, 누군가 정성껏 끓여준 차가 더 맛있게 느껴진다는 영국인의 감성을 잘 보여주는 표현이랍니다.

또한, "Shall I pop the kettle on?"은 단순히 차를 끓이자는 말이 아니라, 말없이 티타임을 열어주는 따뜻한 제안처럼 쓰이기도 해요. 속상한 친구를 위로하거나, 오랜만에 찾아온 손님에게 "차 한잔 어때?" 하고 조용히 묻는 영국식 다정함이 담긴 표현이죠.

Can you pop the kettle on?
주전자에 물 좀 끓여줄래?

I'll pop the kettle on. How do you take it?
내가 주전자에 물 끓일게. 어떻게 마실래?

TIP ♥ 영국인이 즐겨 쓰는 POP 표현

pop은 '가볍게 하다', '잠깐 무언가를 하다'는 뜻으로, 영국식 영어에서 자주 쓰이는 표현이에요. 일상적인 동작을 더 부드럽고 친근하게 말하고 싶을 때 자주 쓰이죠.

- **pop down** → 잠깐 들르다 (아래쪽이나 가까운 거리에 가는 것. 방향·거리감 포함)
- **pop in** → 잠깐 들르다 (방향이나 거리 상관없이 '행위'에 초점)
- **pop out** → 잠깐 나갔다 오다
- **pop round** → 근처에 잠시 찾아가다

put이나 go 대신 캐주얼하게 쓰이며, 영국 특유의 편안하고 부담없는 말투를 잘 보여주는 단어랍니다.

Dialogue  영국인들의 실제 대화 엿보기

A Can you pop the kettle on?

B Of course. How do you take it?[1]
   Do you prefer yours strong or milky?[2]

A Just a Builder's Brew, please.

B Got it.[3] Do you fancy a brew with a biscuit?[4]

A Absolutely. Leave room for milk as well, please.

B Sure, I'll grab the biscuits.

A Is it tea o'clock yet?[5]

B Always!

A 주전자 좀 올려줄래?

B 물론이지. 차 어떻게 마셔?

진하게 마셔? 아니면 우유 넣는 걸 좋아해?

A 진한 블랙티 한 잔이면 돼.

B 알겠어. 차랑 같이 비스킷도 어때? (비스킷이랑 같이 한 잔 할래?)

A 완전 좋지. 우유 넣을 공간도 좀 남겨줘.

B 그래, 비스킷 챙겨올게.

A 지금이 티타임 아니야?

B 언제나 그렇지!

 **회화 포인트**

1. **How do you take it?** (어떻게 마셔?)
   차나 커피를 어떻게 마시는지 취향을 물을 때 쓰는 표현이에요. 우유나 설탕 유무를 자연스럽게 확인할 수 있어요.

2. **strong or milky?** (진하게? 아니면 우유 많이?)
   차의 농도를 물을 때 쓰는 표현이에요. 영국에서는 개인의 티 취향을 이렇게 자주 물어요.

3. **Got it.** (알겠어.)
   상대방의 말을 이해했거나 수락할 때 쓰는 짧고 자연스러운 표현이에요.

4. **biscuit** (비스킷)
   영국에서 biscuit은 미국식 cookie를 뜻해요. 티타임에서 자주 함께 먹는 간식이에요.

5. **Is it tea o'clock yet?** (지금이 티타임 아니야?)
   영국식 유머가 담긴 표현으로, 티타임이 기다려질 때 농담처럼 말해요.

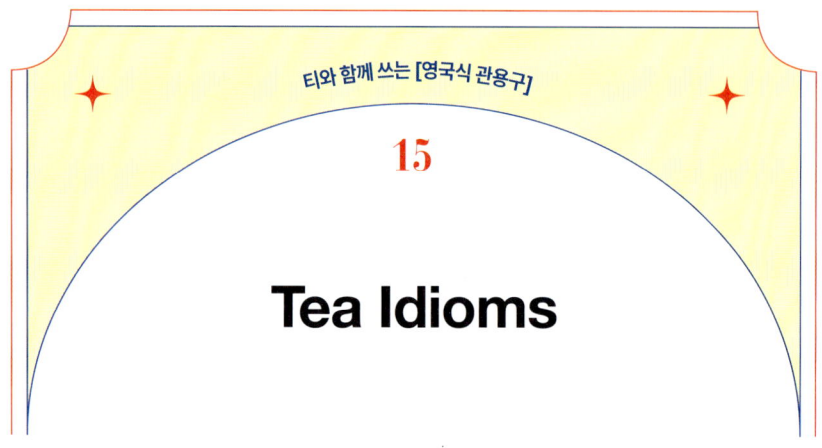

영어를 유창하게 구사하는 외국인이 한국의 사자성어나 속담을 자연스럽게 사용하는 걸 보면, 왠지 더 친근하게 느껴지지 않나요? 영어도 마찬가지예요. 자주 쓰이는 관용구(idioms)를 알고 자연스럽게 쓸수록, 훨씬 더 네이티브처럼 생동감 있는 영어를 구사할 수 있어요.

그런데 '관용구'가 정확히 어떤 표현일까요? 관용구는 두 단어 이상이 모여 특별한 의미를 만들어내는 표현으로, 단어 자체의 뜻만으로는 의미를 정확히 짐작하기 어려운 경우도 많아요. 그래서 더 흥미롭고 매력적인 거죠.

물론, 세상에 존재하는 모든 관용구를 다 외우는 건 현실적으로 어렵지만, 이번에 소개할 '티(tea)' 관련 표현만큼은 꼭 기억해 주세요. 영국인의 일상에서 티타임은 단순히 차를 마시는 시간이 아니라 소통과 감정 교류의 순간이기도 하거든요.

친구들과 티를 마시며 속마음을 나누고, 가십을 털어놓고, 웃고 떠드는 그 시간 속에서 자연스럽게 생겨난 표현들이 바로 이 '티' 관련 관용구예요. 그래서 이 표현들은 단순한 언어가 아니라, 영국인의 생활방식과 유머, 사고방식이 담긴 작은 문화 코드라고 할 수 있어요.

티는 영국에서 그 자체가 하나의 '문화'입니다. 그만큼 티와 관련된 표현에는 영국인의 정서, 유머, 풍자, 일상 감각이 고스란히 녹아 있어요. 짧은 표현 하나에도 사람과 사람 사이의 거리감, 대화 분위기, 사회적 맥락이 자연스럽게 담겨 있습니다. 이런 표현들을 익히면 영어 실력은 물론, 영국 문화에도 한 걸음 더 가까이 다가갈 수 있어요.

이제부터 영국 현지에서 자주 쓰이는 '티' 관련 관용구들을 하나씩 만나볼게요. 맛있는 홍차(black tea)처럼, 한 방울도 놓치지 말고 끝까지 즐겨주세요!

Expressions | 영국 현지 회화표현

1

Not my cup of tea.
내 취향 아니야.

유닛 4에서 다뤘던 영국식 거절 표현인데, 기억하시나요? 이번에는 이 표현의 유래와 의미를 조금 더 깊이 들여다보겠습니다.

"Not my cup of tea."를 직역하면 '내 차의 컵이 아니다'처럼 들리지만, 실제로는 "그건 내 스타일이 아니야." 또는 "내 취향이 아니야."라는 뜻으로 쓰이는 관용구예요. 단어 그대로는 뜻이 잘 와 닿지 않는, 전형적인 영국식 표현 중 하나죠.

왜 하필 '차(cup of tea)'일까요?
영국에는 허브티, 블랙티, 우유를 넣은 티, 설탕을 많이 넣은 티 등 다양한 종류의 차가 있고, 사람마다 선호하는 티도 제각각이에요. 이처럼 티 취향이 사람마다 다른 것처럼, 좋아하는 사람의 성격이나 외모, 취향, 책, 영화, 스포츠, 패션 등도 모두 다르죠.

영국인에게 티는 단순한 음료가 아니라 '개인의 취향'을 드러내는 일상의 상징 같은 존재예요. 어떤 티를 좋아하느냐는 그 사람의 성향이나 기분까지 보여주기도 하죠. 그래서 티 문화가 일상인 영국에서는 이 표현이 확장되어, 사람이나 물건, 상황이 내 취향이 아닐 때 자연스럽게 쓰이게 된 거예요.

Horror films? Not my cup of tea.
공포영화? 내 취향 아니야.

I tried pilates, but it's not my cup of tea.
필라테스 해봤는데, 나랑 안 맞아.

Him? Definitely not my cup of tea.
그 남자? 완전 내 스타일 아냐.

TIP ♥ 좋아하는 걸 말할 때도 TEA!

not my cup of tea가 내 취향이 아니라는 뜻이라면, 반대로 마음에 드는 건 my cup of tea라고 말할 수 있어요. 사람, 음식, 음악, 스타일 등 어떤 대상이든 자신의 취향일 때 긍정적으로 표현해요.

- That YouTube channel is totally **my cup of tea.** 그 유튜브 채널은 완전히 내 취향이야.
- This cosy café is just **my cup of tea.** 이 아늑한 카페는 정말 내 취향이야.

---

2. Spill the tea!
말해봐! 털어놔봐!

spill은 '흘리다, 쏟다'는 뜻이에요. 그럼 Spill the tea!는 정말 '차를 쏟으라'는 말일까요? 물론 아니죠! 이 표현은 마치 차나 커피를 마시며 친구들과 수다를 떠는 상황처럼, 흥미로운 이야기나 비밀을 털어놓으라고 할 때 쓰는 관용구입니다.

주로 가벼운 가십이나 뒷얘기를 이끌어낼 때 사용되고, "Spit it out!(뱉어봐!)" 처럼 상대방의 말을 재촉할 때도 쓰입니다. 영국과 미국은 물론, SNS나 일상 대화에서도 자주 쓰이는 표현이라 정말 실용적이에요.

Come on, spill the tea!
빨리, 말해봐!

Don't hold back, spill the tea!
그만 뜸 들이고, 말해봐!

I know that you know something. Spill the tea!
너 뭔가 알고 있지. 말해봐!

상대방이 뭔가 숨기고 있을 때, 이 말 하나로 분위기가 훨씬 자연스럽고 유쾌하게 바뀔 수 있죠. 조용한 수다 속의 속삭임처럼, 말하고 싶지만 망설이는 누군가에게 슬쩍 던지기 좋은 표현이랍니다.

> **TIP ♥ 티타임은 수다 타임!**
>
> 영국에서는 차 마시는 시간이 단순한 휴식이 아니라, 친구와 깊은 대화를 나누는 소중한 시간이기도 해요. 차를 마시며 속마음을 나누고, 오랜만에 연락한 친구와 수다를 떨며 관계를 이어가는 중요한 문화적 시간이죠. 이럴 때 자주 쓰는 말이 바로 have a proper chat over tea(차 한잔하며 편하게 제대로 이야기 나누다), catch up over a cuppa(차 한잔하며 밀린 얘기를 나누다) 같은 표현이에요.
>
> - Let's **have a proper chat over tea**. 차 한잔하며 편하게 얘기 좀 나누자.
> - We **caught up over a pot of tea**. 우린 차 한잔하며 밀린 얘기를 나눴어.

3 as useful as a chocolate teapot
아무짝에도 쓸모없는

이 표현을 직역하면 '초콜릿 티팟만큼 유용한'이라는 말인데, 실제로는 전혀 쓸모없는 상황이나 물건을 비유할 때 사용됩니다. 보통 티팟은 뜨거운 물을 붓기 위해 도자기나 금속으로 만들죠. 그런데 만약 티팟이 초콜릿으로 만들어졌다면? 뜨거운 물을 붓자마자 바로 녹아버릴 거예요. 제 기능을 전혀 하지 못하는 것을 유머 있게 표현한 비유죠.

이 표현에는 영국식 풍자 유머인 sarcastic humour가 녹아 있어요. 적절한 상황에서 쓰면 재치 있고 위트 있게 들릴 수 있지만, 자칫하면 상대방을 무시하는 뉘앙스로 들릴 수 있어요. 분위기와 상대방의 성향을 고려해서 쓰는 것이 좋습니다.

His advice was as useful as a chocolate teapot.
그 사람 조언은 아무짝에도 쓸모없었어.

That thin coat is as useful as a chocolate teapot in this weather.
이런 날씨에 저 얇은 코트는 무용지물이야.

A mobile without a battery is as useful as a chocolate teapot.
배터리 없는 핸드폰이라니, 도무지 쓸 데가 없지.

4 Not for all the tea in China.
무엇을 준대도 싫어. 절대 안 해.

직역하면 '중국에 있는 모든 차를 줘도 아니다'는 뜻인데요, 실제 의미는 아무리 큰 대가를 줘도 절대 하고 싶지 않다는 걸 나타냅니다. 강하게 거절하거나 극도로 꺼리는 상황에서 쓰는 표현이에요. 우리말의 "억만금을 준대도 싫어.", "죽어도 안 해."와 비슷한 뉘앙스를 갖고 있죠.

비슷한 의미의 영어 표현으로는 "Not in a million years.(백만 년이 지나도 안 해.)"가 있어요. 티를 사랑하는 나라 중국을 비유에 끌어온 것도 인상적이죠!

I would never bungee jump, not for all the tea in China.
번지점프 절대 안 해, 억만금을 줘도 싫어.

Going out with him? Not for all the tea in China.
그 남자랑 데이트? 억만금을 준대도 안 해.

Even though I love dancing, I wouldn't dance in public, not for all the tea in China.
아무리 내가 춤을 좋아해도 사람들 앞에서는 안 출 거야, 그 무엇을 준다고 해도.

Pot calling the kettle black!

사돈 남 말 하네!

우리말의 "사돈 남 말 하네"나 "똥 묻은 개가 겨 묻은 개 나무란다"와 같은 뜻의 표현이에요. 자기 결점은 모른 척하고 남을 비판하는 상황에서 자주 쓰이며, 요즘 말로 하면 '내로남불'과도 비슷한 맥락이죠.

pot(냄비)과 kettle(주전자)은 둘 다 요리에 자주 쓰이는 도구인데, 많이 쓰다 보면 그을음이 생기고 겉이 검게 변할 수 있어요. 그런데 pot이 kettle을 보고 "너 시커멓다"고 하는 건, 자기도 똑같이 생겼으면서 남만 탓하는 아이러니한 상황을 풍자한 거죠. 짧게 "Pot-kettle!"처럼 줄여 말하기도 해요.

They say I gossip too much. Pot calling the kettle black!
나더러 남 말 너무 많이 한댄다. 사돈 남 말 하시네!

You say I'm loud? Pot-kettle!
내가 시끄럽다고? 내로남불이네!

Do I eat too much rubbish? That's pot calling the kettle black!
내가 쓰레기(정크푸드)를 너무 많이 먹는다고? 지는 어떻고!

a storm in a teacup
별거 아닌 일

직역하면 '찻잔 속의 태풍'이라는 뜻인데요, 실제로는 사소한 일을 과하게 부풀려서 난리치는 상황을 표현할 때 쓰는 관용구입니다. 작은 찻잔 안에서 아무리 큰 소용돌이가 일어나도 결국 그 안에서 벌어지는 일일뿐, 실제로는 별일이 아닌 셈이죠. 그래서 이 표현은 작은 문제를 심각하게 받아들이거나, 불필요하게 호들갑 떠는 상황을 정리할 때 자주 쓰입니다.

특히 누군가의 걱정을 가볍게 넘기거나, 다툼이나 오해를 '별거 아니었다'고 정리하고 싶을 때 대화 속에서 자주 쓰여요. 간단히 "It was just a storm in a teacup."이라고 말하면, 긴 설명 없이도 분위기를 누그러뜨릴 수 있는 표현이랍니다. 미국식 영어에서는 같은 뜻으로 a tempest in a teapot이라고도 해요. storm 대신 tempest, teacup 대신 teapot을 쓰는 식이죠. 영국과 미국의 표현 차이를 비교해보는 것도 영어를 배우는 재미 중 하나예요.

A **Why did you fight last night?**
어젯밤에 왜 싸웠어?

B **It was silly. Just a storm in a teacup.**
바보 같았어. 별것도 아녔는데.

A **Is everything okay?**
괜찮아?

B **Don't worry, it was just a storm in a teacup.**
걱정 마, 별일 아니었어.

TIP ♥ **'별거 아니야'를 말하는 영국식 표현들**

a storm in a teacup처럼, 사소한 일에 대해 "걱정 마", "괜찮아"라고 말하고 싶을 때 쓸 수 있는 영국식 표현들이 있어요. 짧고 자연스럽게 쓰이는 리액션 표현들이니 함께 익혀두면 좋아요.

- **It's nothing.** 아무 일도 아니야.
    → **It's nothing.** Don't worry about it. 별거 아냐. 신경 쓰지 마.
- **No worries.** 걱정 마, 괜찮아.
    → **No worries**, I've got it covered. 걱정 마, 내가 처리했어.
- **All sorted.** 다 해결됐어.
    → Everything's **all sorted** now. 이제 다 해결됐어.

183

Dialogue | 영국인들의 실제 대화 엿보기

A Did you hear about the meeting yesterday?

B Yes, but it was a storm in a teacup.

A I thought so. By the way, office politics? Not my cup of tea.

B Same here.[1] Not for all the tea in China would I get involved.[2]

A So, what did they argue about? Spill the tea.

B It was pointless, like a chocolate teapot.[3]

A They're always like that. Pot calling the kettle black, right?

B Exactly![4] Nothing ever changes.[5]

A 어제 회의 얘기 들었어?

B 응, 별거 아니었어.

A 그럴 줄 알았어. 근데 사내 정치? 내 취향 아니야.

B 나도 마찬가지야. 억만금을 준대도 안 끼어들 거야.

A 그래서 무슨 일로 다툰 건데? 말해봐.

B 쓸데없는 얘기였어, 초콜릿 주전자처럼.

A 걔네 맨날 그래. 내로남불들이야, 안 그래?

B 맞아! 도무지 변하는 게 없어.

 회화 포인트

1. **Same here.** (나도 마찬가지야.)
   상대방 말에 자신도 같은 입장임을 간단하게 표현하는 자연스러운 반응이죠.

2. **Not ~ would I get involved** (절대 안 끼어들 거야)
   매우 강하게 강조하는 말투입니다. Not for all the tea in China가 문장 앞에 오고, 그 뒤에 주어와 조동사가 도치되어 would I get involved가 된 것이죠. 여기서 get involved는 어떤 일에 참여하거나 개입한다는 뜻이에요.

3. **pointless, like a chocolate teapot** (아무 의미 없는, 쓸모없는)
   as useful as a chocolate teapot과 같은 의미입니다. 뜨거운 물만 부으면 녹아버릴 초콜릿 주전자처럼, 전혀 도움이 안 되는 상황이나 대상을 유머러스하게 비유한 표현이에요. pointless는 '의미 없는, 쓸모없는'이라는 뜻입니다.

4. **Exactly!** (맞아!)
   상대방 말에 강하게 동의하거나 적극적으로 반응할 때 쓰는 짧고 힘 있는 표현이에요.

5. **Nothing ever changes.** (도무지 변하는 게 없어.)
   상황이나 어떤 사람의 안 좋은 언행이 반복될 때 체념 섞인 어조로 자주 쓰는 말이에요. "또 그 얘기야?" 같은 뉘앙스로도 쓰여요.

British Special

⚽ Football | 영국의 축구

요즘 한국에서도 유럽 축구 인기가 높아지면서, 새벽에 중계를 챙겨보는 사람들도 많아졌죠. 그런데 유럽 축구를 보다 보면 우리가 익숙한 soccer 대신 해설자들이 계속 football이라고 부르는 걸 자주 들을 수 있어요. 영국뿐 아니라 대부분의 영어권 국가에서 축구는 'football'이라고 불립니다.

그런데 왜 우리는 soccer라는 단어에 더 익숙할까요? 사실 soccer는 영국에서 시작된 말이에요. 19세기 영국에서는 축구를 Association Football이라 불렀고, 이를 줄여 assoccer, 그리고 soccer라는 표현이 생겼죠. 하지만 시간이 지나면서 영국에서는 football이라는 표현이 더 자연스럽게 정착했고, 대중매체에서도 널리 사용하게 되었어요.

반면 미국에는 이미 'football'이라는 다른 스포츠(American football)가 있었기 때문에, 혼동을 피하기 위해 soccer라는 단어를 받아들여 지금까지도 사용하고 있죠. 그래서 오늘날도 미국과 일부 국가만 soccer를 쓰고, 나머지 대부분의 나라에서는 여전히 football이 표준이에요.

영국에서는 경기장을 pitch, 축구화를 boots, 감독을 manager라고 하고, 미국에서는 각각 field, cleats, coach라는 표현을 써요.

축구는 영국에서 일상의 일부예요. 경기 날엔 펍에 모여 중계를 보며 응원가를 부르고, 팬들끼리 유쾌한 설전도 벌이죠. 응원할 때는 "Come on, you Spurs!"처럼 팀 이름 앞에 you를 붙이거나, "What a screamer!(엄청난 골!)", "He's rubbish.(쟤 진짜 못해.)" 같은 표현도 중계에서 자주 들립니다. 영국을 이해하려면, 이 축구 문화도 함께 느껴봐야 해요.

영국 vs 미국, 축구 표현 비교

뜻	영국	미국
축구	football	soccer
축구 선수	footballer	soccer player
경기장	football pitch	soccer field
축구화	football boots	soccer cleats
감독	manager	coach
유니폼	football kit	soccer uniform
리그 순위	league table	standings
응원 문화	supporters / chants	fans / cheers
펍 중계 관람	watch at the pub	sports bar viewing

"영국식 영어의 진짜 감각은 디테일에 있다!"

단어, 문법, 문장 끝의 태도까지—영국식 영어는 디테일이 다릅니다. 이 파트에서는 영국식 단어 선택, 문법 구조, 부가의문문, shall 표현 등 한국인이 잘 놓치는 영국식 언어 습관을 집중적으로 다룹니다. 드라마·영화 속 명대사도 함께 살펴보며, 영국식 사고와 표현 감각을 자연스럽게 익힐 수 있습니다.

PART 5

SENSE
더 깊이 있는 영국식 영어 감각

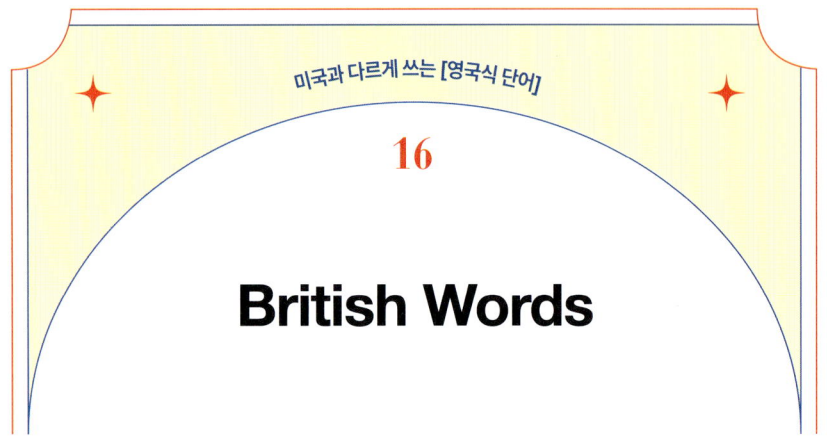

미국과 다르게 쓰는 [영국식 단어]

16

British Words

영국 영어와 미국 영어의 차이는 약 5% 정도라고 해요. 겉보기에 사소한 차이처럼 보일 수 있지만, 이 작은 차이들이 두 언어의 개성과 매력을 만들어 줍니다. 같은 영어라도 단어 하나, 표현 하나가 다르게 쓰이니, 알고 보면 꽤 흥미롭고 유용하답니다.

이번 유닛에서는 미국 영어와는 다른 영국식 단어들을 음식, 패션, 일상 어휘로 나눠 소개할게요. 같은 단어가 전혀 다른 의미로 쓰이거나, 같은 상황에서 완전히 다른 표현이 등장하는 경우도 많아요. 그래서 처음에는 '어?' 싶을 수 있지만, 그만큼 영국 문화를 엿보는 재미도 함께 느낄 수 있을 거예요.

예를 들어, 누군가가 "I brought some crisps and biscuits."라고 말했을 때, 미국식 영어에 익숙한 사람은 '감자칩이랑 쿠키?'라고 생각할 수 있어요. 하지만 영국에서는 crisps는 감자 과자, biscuits는 딱딱한 비스킷을 뜻하죠. 이처럼 같은 단어라도 실제로 가리키는 대상이 다르다 보니, 단어 속에 그 나라의 식문화나 생활 방식까지 자연스럽게 담겨 있습니다.

이런 단어 차이를 알고 있으면, 단순히 어휘력을 키우는 데 그치지 않고 드라마 속 대사, 여행지 안내판, 친구와의 대화까지 훨씬 생생하게 다가오게 돼요. 처음엔 무심코 지나쳤던 표현에서도 "아, 이게 그런 의미였구나!" 하고 눈이 번쩍 뜨이는 순간이 생기고, 영국식 특유의 유머나 정서도 조금씩 감 잡히기 시작하죠.

게다가 가볍게 던진 한마디가 예상치 못한 웃음을 불러오거나, 현지인과의 거리감을 확 줄여줄 수도 있어요. 단어 하나 바꿨을 뿐인데 대화가 더 자연스럽고 가까워지는 경험, 영어를 배우는 또 다른 즐거움이기도 하죠.

지금부터 헷갈리기 쉬운 영국식 단어들을 하나씩 정리해 볼게요. 한 단어, 한 표현이 여러분의 영어 감각을 더 세련되고 풍성하게 만들어줄 거예요.

Vocabulary | 영국식 단어 차이

Food
영국식 음식 표현

영국과 미국은 같은 영어를 쓰지만, 음식 이름은 꽤 다릅니다. 같은 채소나 음식도 부르는 말이 달라 처음엔 헷갈리기 쉽죠. 하지만 단어를 알아두면 나중에 레스토랑이나 마트에서 그 단어를 봤을 때 '아, 이거였구나!' 하고 바로 감이 올 거예요. 단어 하나로 음식 문화까지 엿볼 수 있어 더 흥미롭기도 해요!

◆ **chips** (UK) vs **French fries** (US)

가장 먼저 살펴볼 단어는 chips입니다. 한국에서는 보통 감자로 만든 과자를 떠올리지만, 영국에서 chips는 '감자튀김'을 뜻합니다. 미국의 French fries보다 두껍고 폭신한 형태로 제공되며, 대표적인 예가 fish and chips 죠. 반면, 얇고 바삭한 감자 과자는 영국에서 crisps라고 합니다. crisps는 [krisps 크뤼스프스]로 발음이 어려우니 오디오를 들으며 연습해 보세요.

fish and chips

Can I have some chips?
감자튀김 주세요.

Can I have some crisps?
감자 과자 좀 주세요.

◆ biscuit (UK) vs cookie (US)

영국의 biscuit은 차와 함께 먹는 단단한 과자를 의미합니다. 반면, cookie는 크고 부드러우며 초코칩이나 견과류가 박힌 과자를 뜻하죠. Digestives, Rich Tea, Hobnobs 같은 비스킷이 대표적이에요. 과자를 차에 살짝 적셔 먹는 걸 dunking이라고 하는데, 빅토리아 시대부터 즐기던 이런 영국식 티 문화 덕분에 biscuit 크기도 작아졌는지 몰라요.

biscuit

I love dunking my biscuit in tea.
비스킷을 차에 적셔 먹는 걸 좋아해요.

◆ pudding (UK) vs dessert (US)

우리는 후식 하면 흔히 '디저트'라는 외래어를 떠올리지만, 영국에서는 식사 후 먹는 후식을 pudding이라 부릅니다. 보통 pudding 하면 숟가락으로 떠먹는 커스터드 형태의 디저트를 떠올리지만, 영국에서는 이 단어를 더 넓은 의미로 사용해 후식 전반을 가리켜요.

pudding

반면, 미국에서는 후식을 dessert라 하고, pudding은 특정 종류의 부드러운 디저트를 뜻합니다. 요즘은 영국에서도 미국 문화의 영향으로 dessert라는 표현을 함께 쓰는 경우가 늘고 있죠.

What's for pudding tonight?
오늘 저녁 후식은 뭐야?

◆ take away (UK) VS take out (US)

우리는 보통 '테이크아웃'이라고 하지만, 영국에서는 음식이나 음료를 매장 밖으로 포장해 갈 때 take away를 써요. takeaway는 포장 음식 자체를 의미하기도 하고, takeaway shop은 포장 전문 음식점을 뜻해요.

반면, 미국에서는 같은 상황에서 take out을 사용하죠. 하지만 영국에서 take out은 보통 '무언가를 꺼내다' 또는 '버리다'의 의미로 더 자주 쓰입니다.

Can I get a coffee to take away, please?
커피 하나 포장해 주세요.

I need to take out the bin.
쓰레기통 비워야 해.

Let me take out some money from the cash point.
현금 인출기에서 돈 좀 뽑을게.

* **cash point** 현금 인출기 (cash machine이라고도 함. 영국에서는 ATM보다 더 일반적인 표현)

◆ 영국 VS 미국, 음식 표현 총정리

음식	영국	미국
가지	aubergine	eggplant
애호박	courgette	zucchini
루콜라(샐러드용 채소)	rocket	arugula
고수	coriander	cilantro
피망 / 파프리카	pepper	bell pepper
비트	beetroot	beet
솜사탕	candy floss	cotton candy
컵케이크	fairycake	cupcake
통조림 토마토	tinned tomatoes	canned tomatoes
얼음 막대 아이스크림	ice lolly	popsicle

Fashion
영국식 패션 표현

영국과 미국은 같은 영어를 쓰지만, 패션 아이템 이름도 제법 다릅니다. 같은 옷인데 전혀 다른 단어를 쓰거나, 같은 단어라도 의미가 다른 경우도 있죠. 가끔은 웃긴 오해를 부를 만큼 차이가 커서 주의가 필요해요.

이번에는 영국과 미국에서 다르게 쓰이는 대표적인 패션 관련 단어들을 정리해 볼게요. 일상에서 자주 쓰이는 표현들이니 함께 알아두면 유용할 거예요!

◆ **jumper** (UK) vs **sweater** (US)

영국에서 jumper는 니트 재질의 따뜻한 긴팔 상의를 뜻합니다. 미국에서는 같은 옷을 sweater라고 부르지만, 영국에서는 jumper가 더 자연스러워요.

jumper

She wore a cosy jumper on the chilly day.
그녀는 쌀쌀한 날에 포근한 니트를 입었어요.

◆ **trousers** (UK) vs **pants** (US)

영국에서는 pants가 속옷(특히 팬티)을 뜻하므로 바지를 말할 때는 꼭 trousers라고 해야 해요. 반면, 미국에서는 pants가 일반적인 바지를 의미합니다. 참고로, 영국에서는 속옷을 underwear, 여성용 속옷은 knickers라고 부릅니다.

trousers

I need to buy some new trousers for work.
회사 갈 때 입을 바지를 새로 사야 해.

◆ trainers (UK) vs sneakers (US)

운동화는 영국에서는 trainers, 미국에서는 sneakers라고 부릅니다. trainers는 운동(training)에서 유래했고, sneakers는 고무 밑창이 바닥에 스치며 조용히 움직일 수 있다는 데서 나온 말이에요.

trainers

I need a new pair of trainers for jogging.
조깅용 새 운동화가 필요해.

◆ wellies (UK) vs rain boots (US)

비 오는 날 신는 장화는 영국에서는 wellies 또는 Wellington boots, 미국에서는 rain boots라고 합니다. wellies는 웰링턴 공작이 군용 부츠로 신던 데서 유래했어요.

wellies

Don't forget to bring your wellies for the festival.
축제에 장화 가져가는 거 잊지 마.

◆ **dungarees** (UK) vs **overalls** (US)

멜빵바지는 영국에서 dungarees[dʌŋgərí:z 덩거뤼이지]라는 귀엽고 독특한 발음의 단어로 불립니다. 미국에서는 우리에게도 친숙한 overalls라는 단어를 더 많이 사용해요.

He wore dungarees while working in the garden.
그는 정원에서 일할 때 멜빵바지를 입었어요.

dungarees

◆ **bum bag** (UK) vs **fanny pack** (US)

이번 표현은 정말 주의하셔야 해요! 미국에서는 fanny가 '엉덩이'를 뜻하지만, 영국에서는 '여성의 외부 생식기'를 의미하는 비속어로 받아들여집니다. 그래서 fanny pack(힙색)이라는 표현은 무례하게 들릴 수 있죠.

대신 같은 가방을 bum bag이라고 부르며, 실제로 길거리 인터뷰에서 미국인이 fanny pack을 말하자 당황하는 영국인의 반응이 포착된 적도 있어요.

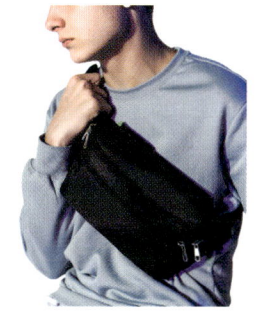
bum bag

I bought a new bum bag for my trip.
여행용 힙색을 하나 새로 샀어.

◆ 영국 vs 미국, 패션 표현 총정리

패션	영국	미국
바지	trousers	pants
운동화	trainers	sneakers
장화	wellies / Wellington boots	rain boots
실내 가운	dressing gown	robe
지퍼	zip	zipper
멜빵바지	dungarees	overalls
여성 속옷	knickers	panties
터틀넥	polo neck	turtle neck
조끼	waistcoat	vest
빨래집게	clothes peg	clothes pin
멜빵	braces	suspenders
잠옷	pyjamas	pajamas
스웨터	jumper	sweater
옷장	wardrobe	closet
힙색	bum bag	fanny pack / hip sack
중고품 가게	second-hand shop	thrift shop
우산	brolly / umbrella	umbrella
바람막이	winchester	windbreaker

Daily Words
영국식 일상 표현 단어

영국과 미국의 영어 차이는 일상적인 단어 속에서도 자주 드러나요. 마트, 거리, 전화, 집 구조처럼 우리가 자주 접하는 상황에서 단어가 다르면 순간적으로 혼란스러울 수 있죠. 이번에는 영국과 미국에서 일상적으로 쓰이는 단어 차이를 정리해 볼게요. 작은 차이 하나만 알아도, 실생활에서 훨씬 자연스럽게 영어를 쓸 수 있어요!

◆ **car park** (UK) vs **parking lot** (US)

'주차장'을 뜻하는 표현도 다릅니다. 영국에서는 car park, 미국에서는 parking lot이라고 해요. 특히 car park은 대형 마트, 시내 등 공용 공간에 자주 쓰이는 표현이에요.

car park

We found a spot in the car park near the shopping centre.
쇼핑센터 근처 주차장에서 자리를 찾았어요.

◆ **trolley** (UK) vs **cart** (US)

마트나 매장에서 쓰는 '쇼핑카트'는 영국에서 trolley, 미국에서는 cart라고 합니다. shopping trolley라는 표현도 자주 쓰여요.

trolley

Could you pass me that trolley?
저 카트 좀 건네줄래?

◆ **pavement** (UK) vs **sidewalk** (US)

'인도'도 표현이 달라요. 영국에서는 pavement, 미국에서는 sidewalk를 사용합니다. 보행자 전용 도로나 도심 거리에서 자주 볼 수 있는 단어예요.

pavement

The children were playing on the pavement after school.
아이들은 방과 후 인도에서 놀고 있었어요.

◆ **mobile (phone)** (UK) vs **cell phone** (US)

'휴대전화'는 영국에서는 mobile 또는 mobile phone, 미국에서는 cell phone이라는 표현을 더 많이 씁니다.

mobile

I left my mobile at home today.
오늘 휴대폰을 집에 두고 나왔어.

◆ **ground floor** (UK) vs **first floor** (US)

영국에서는 건물의 가장 아래층을 ground floor, 그 위를 first floor라고 합니다. 반면 미국이나 한국에서는 바로 지상층을 first floor라고 하죠. 건물 안에서 층수를 물어볼 때 꼭 알아둬야 할 차이예요.

← ground floor

Our office is on the first floor, just above the ground floor.
우리 사무실은 지상층 바로 위, 1층에 있어요. (미국과 한국식으로는 2층을 말함)

◆ 영국 vs 미국, 일상 단어 총정리

단어	영국	미국
주차장	car park	parking lot
쇼핑카트	trolley	cart
인도	pavement	sidewalk
휴대전화	mobile / mobile phone	cell phone
(건물) 1층	ground floor	first floor
쓰레기	rubbish	trash / garbage
쓰레기통	bin / rubbish bin / dustbin	trash can / garbage can
우편번호	postcode	zip code
우편, 부치다	post	mail
택배	parcel	package

Dialogue | 영국인들의 실제 대화 엿보기

A What did you bring for the picnic?

B I packed some crisps[1] and a bottle of fizzy drink.[2] What about you?

A I brought biscuits[3] and some juice.
Oh, I also packed wellies[4] in case it rains.

B How organised! By the way, do you prefer crisps[1] or chips[1] with your sandwich?

A Definitely crisps![1] But I love fish and chips[5] for dinner.

B Me too! Also, I grabbed my jumper.[6] It might get chilly later.

A 소풍에 뭐 가져왔어?

B 감자 과자랑 탄산음료를 챙겼어. 넌?

A 비스킷이랑 주스 좀 가져왔어.

아, 혹시 비 올까 봐 장화도 챙겼지.

B 완전 준비 철저하네! 근데 샌드위치에 감자 과자랑 감자튀김 중 뭐가 더 좋아?

A 당연히 감자 과자지! 하지만 저녁식사로는 피쉬앤칩스를 좋아해.

B 나도 그래! 그리고 나 니트도 챙겼어.

나중에 추울 수도 있잖아.

 단어 포인트

1. **crisps** (UK) vs **chips** (US)
   영국에서는 얇고 바삭한 '감자 과자'를 crisps, 미국에서는 chips라고 해요. 반대로 영국의 chips는 두껍고 폭신한 '감자튀김'을 의미합니다.

2. **fizzy drink** (UK) vs **soda** (US)
   영국에서는 '탄산음료'를 fizzy drink, 미국에서는 soda라고 부릅니다.

3. **biscuit** (UK) vs **cookie** (US)
   딱딱한 과자를 영국에서는 biscuit, 미국에서는 cookie라고 해요. 영국에서 cookie는 초코칩이나 견과류가 들어간 부드러운 과자를 말해요.

4. **wellies** (UK) vs **rain boots** (US)
   영국에서는 '장화'를 wellies라고 해요. Wellington boots의 줄임말이에요.

5. **fish and chips**
   영국의 대표적인 요리로, 생선튀김과 두꺼운 감자튀김을 함께 제공하는 메뉴입니다.

6. **jumper** (UK) vs **sweater** (US)
   영국에서 jumper는 '니트'를 뜻하며, 미국에서는 sweater라고 합니다.

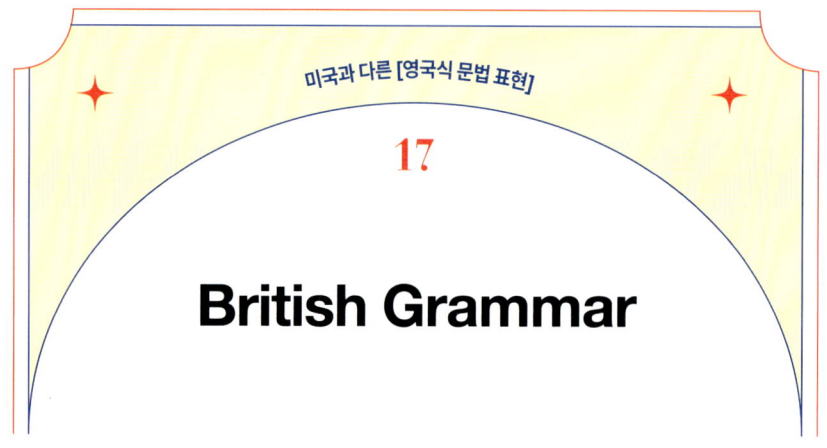

미국 영어와 영국 영어는 단어뿐만 아니라 문법에서도 여러 차이가 있어요. 문법이라고 하면 왠지 어렵고 지루하게 느껴질 수 있지만, 사실 문법은 생각을 정확하게 표현하고 실수를 줄여주는 소통의 게임 규칙 같은 거죠. 잘 활용하면, 단순한 대화도 훨씬 더 세련되고 명확하게 들릴 수 있답니다.

문법을 시험을 위한 지식으로만 받아들이지 마세요. 문법 용어를 무조건 외우기보다, 개념을 정확히 이해하고, 일상 속에서 자연스럽게 말해보는 게 훨씬 중요해요. 이번 유닛에서는 미국 영어와는 다른 영국식 문법 표현들을 쉬운 설명과 다양한 예시로 소개하고, 실제 대화 속에서 어떻게 자연스럽게 쓰이는지도 함께 보여드릴게요.

예를 들어, 영국식 영어에서는 현재완료 시제를 더 자주 쓰고, 집합명사를 복수형으로 표현하는 경우도 많아요. 또 have a break처럼 탈어휘 동사 have를 즐겨 사용하는 것도 특징이죠. 이런 차이를 알고 있으면, 드라마나 실전 대화에서 '아, 이건 영국식이구나!' 하고 바로 알아차릴 수 있어요.

이런 문법 차이는 단순한 규칙이 아니라, 언어 뒤에 숨은 문화의 차이이기도 합니다. 영국에서는 '언제 말하느냐'만큼 '어떻게 말하느냐'를 중요하게 여기기 때문에, 격식 있는 표현이나 미묘한 뉘앙스를 살리는 문법이 자연스럽게 발달한 거죠. 그래서 영국식 문법을 익히면 표현이 더 정돈되고 부드럽게 들릴 수 있어요.

물론, 이런 문법을 몰라도 큰 문제는 없어요. 하지만 알고 있으면 같은 말을 해도 더 자연스럽고, 말투 하나만으로도 상대에게 세련된 인상을 줄 수 있답니다. 우리가 영국식 영어를 배우는 건 그냥 대충 '통하는 영어'를 말하려는 게 아니니까요. broken English가 아니라, 말투와 표현까지 살아 있는 진짜 영국식 영어를 익히고 싶은 거잖아요.

그럼 지금부터, 미국 영어와는 다른 영국식 문법 표현들을 하나씩 정리해 볼게요. 딱딱한 문법이 아니라, 실전에서 바로 쓰이는 문법으로 함께 배워봐요!

Grammar | 영국식 문법 포인트

> **1**
>
> 탈어휘 동사 have를 많이 쓴다
> ## have a rest

'탈어휘 동사(delexical verb)'라는 말이 조금 낯설게 느껴질 수 있지만, 개념은 간단해요. '본래의 의미는 약해지고, 함께 쓰는 명사에 따라 의미가 달라지는 동사'를 말합니다.

have는 보통 '가지다'로 배우지만, have a bath는 '목욕하다', have lunch는 '점심을 먹다', have a rest는 '휴식을 취하다'처럼 명사와 함께 쓰일 때는 '하다', '먹다', '취하다' 등으로 해석됩니다. 예를 들어, I want to have a rest.는 직역하면 '나는 휴식을 갖고 싶어.'지만, 실제 의미는 '휴식을 취하고 싶어.'이죠.

이처럼 have는 다양한 명사와 결합해 일상적인 행동을 표현할 때 자주 쓰이며, 특히 영국 영어에서 더 자연스럽고 널리 사용됩니다. 반면, 미국 영어에서는 같은 의미라도 take를 사용하는 경우가 많아요.

어떤 동사를 쓰느냐는 문화적인 차이에서 비롯되기도 해요. 어떤 표현이 맞고 틀리다고 할 수는 없지만, 영국식 표현의 감각을 알고 있으면 듣고 말할 때 훨씬 더 자연스럽게 받아들여질 수 있어요.

표현	영국	미국
목욕하다	have a bath	take a bath
샤워하다	have a shower	take a shower
낮잠 자다	have a nap	take a nap
휴식을 취하다	have a break	take a break
산책하다	have a walk	take a walk
살펴보다	have a look	take a look
앉다	have a seat	take a seat
휴가를 보내다	have a holiday	take a vacation

2

날짜를 일/월/연도 순으로 표기한다
19 February 2025 (일/월/연도)

영국에서는 날짜를 쓸 때 일/월/연도 순서를 사용합니다. 우리나라나 미국처럼 연도/월/일 또는 월/일/연도로 쓰는 방식과는 다르죠. 예를 들어, 2025년 2월 19일을 영국에서는 19 February 2025, 미국에서는 February 19, 2025 라고 씁니다.

국가	표기 순서	예시
한국/미국	연도/월/일 or 월/일/연도	2025. 02. 19 February 19, 2025
영국/유럽	일/월/연도	19 February 2025

이런 표기법은 19세기부터 영국 정부 문서에서 공식적으로 사용되기 시작해 지금까지 이어지고 있어요. 이 차이는 단순히 표기 방식에 그치지 않고, 말할 때도 다르게 나타납니다.

미국에서는 "February nineteenth, twenty twenty-five"처럼 '월'을 먼저 말하는 반면, 영국에서는 "the nineteenth of February, twenty twenty-five"처럼 '일'을 먼저 언급하는 방식을 선호합니다.
이런 표현 방식은 영국뿐 아니라 유럽 여러 나라에서도 흔하게 볼 수 있는 특징이에요.

> "우리 2월 19일에 만나기로 했어."
>
> 영국식: **We're meeting on 19 February.**
> → 19 February라 쓰고, the nineteenth of February라고 말해요.
>
> 미국식: **We're meeting on February 19.**
> → February 19라 쓰고, February nineteenth라고 말해요.

3

현재완료 시제를 자주 쓴다

have + p.p.

영국 영어의 또 다른 특징은 현재완료 시제(present perfect tense), 즉 <have + p.p>를 자주 쓴다는 점이에요. 미국 영어에서는 같은 상황에서 단순 과거 시제(past simple)를 더 많이 사용하죠. 특히 과거의 일이 지금에 영향을 주는 상황에서는 영국식 표현이 현재완료로 더 자연스럽게 들려요.

물론 요즘은 글로벌화의 영향으로 미국식 표현이 널리 퍼져 있어서 영국에서도 단순 과거 시제의 사용이 점차 늘고 있긴 하지만, 여전히 현재완료가 더 익숙하고 자연스럽게 들리는 문맥이 많은 것도 사실입니다.

"<더 크라운> 봤어?"

영국식: **Have** you **watched** *The Crown*?

미국식: **Did** you **watch** *The Crown*?

"숙제 다 했어?"

영국식: **Have** you **finished** your homework?

미국식: **Did** you **finish** your homework?

"그 친구를 만난 적 있어."

영국식: I **have seen** him before.

미국식: I **saw** him before.

"파리에 세 번 가봤어."

영국식: I **have visited** Paris three times.

미국식: I **visited** Paris three times.

4 영국영어와 미국영어, 철자 표기도 다르다
-re, -er / -our, -or / -ise, -ize

영국 영어와 미국 영어는 단어 철자에서도 몇 가지 차이를 보입니다. 대표적으로 -re와 -er, -our와 -or, -ise와 -ize처럼 철자 끝부분에서 서로 다른 형태가 쓰이곤 해요. 예를 들어, 영국에서는 centre, colour, organise처럼 표기하지만, 미국에서는 center, color, organize라고 씁니다. 이런 차이는 철자 개혁과 표준화 과정에서 생겨난 것으로, 미국식은 주로 간결함을 추구하는 방향으로 발전했어요.

먼저, -re와 -er / -our와 -or처럼 단어 끝부분이 바뀌는 경우를 볼게요. 다음 단어들은 영국식과 미국식 표기가 확연히 다르지만, 발음은 거의 비슷하거나 같습니다.

뜻	영국	미국
중심	centre	center
극장	theatre	theater
미터	metre	meter
리터	litre	liter
섬유	fibre	fiber
색깔	colour	color
좋아하는 것	favourite	favorite

다음은 -ise와 -ize로 끝나는 동사들입니다. 미국에서는 거의 대부분 -ize로 쓰지만, 영국에서는 전통적으로 -ise를 더 선호했어요. 다만 요즘은 두 표기가 모두 수용되고 있답니다.

뜻	영국	미국
분석하다	analyse	analyze
조직하다	organise	organize
인식하다	recognise	recognize
깨닫다	realise	realize
요약하다	summarise	summarize
강조하다	emphasise	emphasize
현대화하다	modernise	modernize
개인화하다	personalise	personalize
활용하다	utilise	utilize
최적화하다	optimise	optimize

이 밖에 다음과 같은 단어들도 철자 표기가 살짝 다릅니다. 하지만 발음은 거의 비슷하거나 동일하죠.

뜻	영국	미국
회색	grey	gray
프로그램	programme	program
잠옷	pyjamas	pajamas

물론 요즘은 영국에서도 미국식 철자에 익숙한 사람이 많지만, 공식 문서나 학교에서는 여전히 전통적인 영국식 철자가 선호되는 편입니다. 이처럼 철자법의 차이도 문화적 배경과 언어 관습이 반영된 결과예요. 꼭 하나만 맞다고 할 수는 없지만, 영국식 영어를 익히는 중이라면 이런 차이를 알고 있으면 문장을 쓸 때나 읽을 때 훨씬 더 정확하고 자연스럽게 이해할 수 있어요.

5 집합명사를 복수형으로 취급하는 경향이 있다
The team are ~

팀(team), 직원(staff), 회사(company)처럼 사람 또는 사물로 이루어진 집단을 가리키는 명사를 집합명사(collective noun)라고 해요. 영국 영어에서는 집합명사를 구성원들의 집합으로 보는 경향이 있어서 복수 동사를 자주 쓰고, 미국 영어에서는 하나의 단위체로 보기 때문에 단수 동사를 더 자주 써요.

단, 어디까지나 그런 '경향'이 있다는 것뿐이에요. 상황이나 화자의 선택에 따라 영국식에서도 단수, 미국식에서도 복수로 쓰일 수 있답니다.

"그 팀은 잘하고 있어."
영국식: **The team are playing well.**
미국식: **The team is playing well.**

"직원들이 모두 친절했어요."
영국식: **The staff are very friendly.**
미국식: **The staff is very friendly.**

6 부사의 위치가 더 유연하다
I just have p.p. ~

미국 영어에서는 현재완료(have/has + p.p.) 문장에서 just, probably, always 같은 부사를 보통 have동사 뒤에 둡니다. 하지만 영국 영어에서는 have동사 앞에 부사를 두는 표현도 자연스럽게 쓰이며, 부사의 위치가 더 유연한 편이에요.

"걔 집에 갔을 거야."

She probably has gone home.
→ 영국 영어에서는 비교적 흔히 쓰이지만, 미국 영어에서는 어색하게 들립니다.

She has probably gone home.
→ 일반적으로 알고 있는 부사의 위치. 미국과 영국 영어에서 모두 통용됩니다.

또한 앞서도 언급했지만, 현재완료 시제의 사용 빈도에도 차이가 있어요. 미국 영어는 '방금 일어난 일'도 단순 과거로 표현하는 경우가 많지만, 영국 영어는 현재완료 시제로 표현하는 것이 더 자연스럽습니다.

"막 끝냈어."

영국식: **I have just finished.**

미국식: **I just finished.**

즉, 영국 영어는 부사를 have동사를 비롯한 조동사 앞에 둘 수 있고, 현재완료 시제를 더 자주 사용하는 것이 특징이에요.

또 하나, 흥미로운 점은 영국 영어에서는 현재완료 시제의 never를 문장 앞에 써서 강조하는 일이 아주 흔하고 자연스럽다는 거예요. 미국 영어에는 보통 "I have never seen such a thing!"과 같이 말하며 이 안에서 never를 강조해 말한다면, 영국 영어에서는 아예 never를 문두로 가져와 강조해 말하곤 한답니다.

"그런 건 한 번도 본 적 없어!"

Never have I seen such a thing!
→ 영국 영어에서 보다 더 자연스럽게 들리는 표현이에요. never를 문장 앞에 두면, 주어와 동사의 어순이 바뀌는 도치가 일어납니다.

I have never seen such a thing!
→ 일반적으로 알고 있는 부사의 위치. 미국과 영국 영어에서 모두 통용됩니다.

> **7**
>
> 조건문은 현재완료 시제로 미래를 표현한다
> # If you have finished ~

영국 영어에서는 조건문(if 절)에서도 현재완료 시제를 사용하는 경우가 많아요. 특히 어떤 행동이 완료된 시점을 강조할 때 자주 쓰이죠. 반면, 미국 영어는 같은 상황에서도 단순 현재 시제를 더 많이 씁니다. 문법적으로는 둘 다 맞지만, 느낌은 조금 달라져요.

"네가 숙제를 다 끝냈다면/끝내면, 우린 나갈 수 있어."

영국식: **If you have finished your homework, we can go out.**

미국식: **If you finish your homework, we can go out.**

"네가 오늘 일을 끝냈다면/끝내면, 우린 저녁을 먹으러 갈 수 있어."

영국식: **If you have completed your work today, we can go for dinner.**

미국식: **If you complete your work today, we can go for dinner.**

Dialogue | 영국인들의 실제 대화 엿보기

A Have you finished your project?[1]

B Yes, I have. But I need to have a break,[2] don't I?

A Sure, have a rest.[2] By the way, we're meeting on 19 February,[3] aren't we?

B Yes, that's right. The team are preparing for the event.[4]

A Great. I've heard the programme[5] is well-organised.[5]

B Indeed. I'm glad we're using a British-style colour[5] scheme.

A 프로젝트 다 끝냈어?

B 응, 끝냈어. 그런데 나 잠깐 쉬어야겠지?

A 물론이지, 쉬어. 그런데 우리 2월 19일에 만나기로 했지?

B 응, 맞아. 팀이 이벤트 준비하고 있어.

A 좋았어. 프로그램이 잘 조직됐다고 들었어.

B 진짜 그래. 영국식 색상 테마를 쓰게 돼서 기뻐.

 문법 포인트

1. **Have you finished your project?** (현재완료 시제)
   완료된 행동이 현재에 영향을 줄 때는 현재완료 시제(have + p.p)를 사용하죠.
   미국식: Did you finish your project?

2. **have a break / have a rest** (탈어휘동사 have)
   영국식 표현으로, 미국 영어에서는 take a break, take a rest가 일반적이에요.

3. **we're meeting on 19 February** (날짜 표기)
   영국에서는 날짜를 일/월/연도 순으로 씁니다. 미국식은 February 19, 즉 월/일/연도 순입니다.

4. **The team are preparing ~** (집합명사)
   영국 영어에서는 team과 같은 집합명사를 그 안에 속한 개별 구성원들로 보는 경향이 있어서 복수 동사를 자주 쓴다고 했죠. 하지만 상황이나 말하는 사람의 선택에 따라 단수 동사로도 쓰입니다. The team is preparing ~처럼 말이죠.

5. **programme / well-organised / colour** (철자 표기)
   영국식 철자들로 미국에서는 program / well-organized / color로 표기합니다.

Tag Questions

아래 예시에서 공통점을 찾아보세요.

She is so lovely, isn't she? 걔 너무 사랑스럽지, 그렇지?
I am so genius, aren't I? 나 진짜 천재야, 그렇지?
It was there, wasn't it? 거기 있었지, 그렇지?

이처럼 문장 끝에 붙는 짧은 되묻는 말이 바로 부가의문문입니다. 영어로는 question tag 또는 tag question이라고 하죠. 단순히 사실을 확인할 때만 쓰는 게 아니라, 대화를 더 부드럽고 자연스럽게 이어주는 역할을 하죠. 영국인들은 이런 표현을 무의식적으로 자주 사용하는 편이라, 영국식 영어를 익히고 싶다면 꼭 알아둬야 할 표현이에요.

그런데 question tag, 정말 쉬울까요? "앞 문장의 주어와 동사만 반대로 바꾸면 되지 않나?"라고 생각할 수 있지만, 실제로는 말투와 억양에 따라 감정이나 의도까지 달라질 수 있는 표현입니다.

특히 어떤 억양(intonation)으로 말하느냐에 따라 설득, 비꼼, 다정함 등 전달되는 느낌이 확 달라지죠.

영국식 부가의문문은 짧지만 말하는 이의 감정과 어조가 자연스럽게 스며든 표현입니다. 평범한 문장에 리듬을 더하는 이 한마디—영국식 영어 특유의 말맛을 느끼고 싶다면 바로 이 표현부터 시작해 보세요. 런던 말투에서 자주 들리는 "innit?"처럼, 정석에서 살짝 벗어난 표현도 함께 익혀두면 더 실감나는 회화를 할 수 있어요.

지금부터 기본 공식부터 억양에 따른 미묘한 차이까지, 영국식 부가의문문의 매력을 하나씩 풀어볼게요.

 **Grammar** | 영국식 어법

1 부가의문문 공식
긍정 + 부정 / 부정 + 긍정

부가의문문의 기본 공식은 간단합니다. 긍정문 뒤엔 부정, 부정문 뒤엔 긍정을 붙이면 돼요.

He doesn't want to work, does he?
그는 일하고 싶어 하지 않아, 맞지?

They want to come to the party, don't they?
그들은 파티에 오고 싶어 해, 그렇지?

I can do it, can't I?
나는 할 수 있어, 그렇지?

이때 부가의문문이 긍정인지 부정인지에 따라 말하는 사람의 확신 정도가 달라집니다. <긍정문 + 부정 부가의문문>은 '그렇지?' 하며 확신을 확인하는 느낌이고, <부정문 + 긍정 부가의문문>은 '그런가?' 하며 상대의 답을 기대하는 뉘앙스예요.

You're a student, aren't you?
너 학생이지, 그렇지? → 확신을 확인

You don't like fish, do you?
너 생선 안 좋아하지, 맞지? → 확실치 않아 물어봄

> **2** 부가의문문의 억양
> # 끝을 ↘ 내리면 '확인', ↗ 올리면 '질문'

부가의문문은 억양, 즉 문장의 끝을 올리느냐 내리느냐에 따라 의미가 달라집니다.

◆ **끝을 내리는 억양**(Falling Intonation)

문장의 끝을 내리는 억양으로 말하면, 상대의 대답을 기대하기보다는 이미 알고 있는 내용을 확인하는 느낌이 됩니다. 말하는 사람이 자신의 말에 대해 확신을 가지고 단순히 상대의 동의나 공감을 확인하고자 할 때 사용하죠. 말끝에 "그치?", "맞지?" 하고 덧붙이는 경우와 비슷합니다.

> It's **raining, isn't it?** ↘   비 오고 있어, 그렇지?
> He recently **broke up, didn't he?** ↘   걔 최근에 헤어졌어, 맞지?

◆ **끝을 올리는 억양**(Rising Intonation)

반면에, 문장의 끝을 올리는 억양으로 말하면, 상대의 의견이나 대답을 기대하는 질문이 됩니다. 말하는 사람이 자기 말에 확신이 없거나, 상대의 의견이나 정보를 진심으로 묻고자 할 때 쓰죠.

> We don't **need an umbrella, do we?** ↗   우리 우산 안 써도 되지, 그렇지?
> You can **try this, can't you?** ↗   이거 해볼 수 있지, 해줄래?

이처럼 끝을 올리는 억양은 상대의 의견을 존중하며 부드럽게 대화를 이어갈 때 효과적입니다. 영국식 회화에서 자주 사용되는 특징이기도 하죠.

You like flat white, don't you? ↗   플랫 화이트 좋아하지, 그렇지?

3

긍정 + 긍정의 부가의문문
풍자, 비꼼, 사실 확인

일반적인 규칙에서 벗어나, 긍정문에 긍정 부가의문문을 덧붙이면, 풍자(sarcasm)나 비꼼의 느낌을 줄 수 있습니다. 이런 표현은 상대방을 약간 조롱하거나 돌려 말할 때 사용되죠.

So you've grown up, have you?   아~ 이제 다 컸다 이거야?

So you know better, do you?   아~ 네가 더 잘 안다고?

하지만 항상 비꼼만 있는 건 아니에요. 단순히 상대의 말을 확인하거나 관심을 표현할 때도 씁니다.

So this is made of paper, is it?   아, 이게 종이로 만들어진 거구나?

So you've got a new job, have you?   너 새로운 직장에 취직했다며?

You're moving to London, are you?   런던으로 이사 간다며?

222

4 제안에도 쓰는 부가의문문
Let's + shall we?

부가의문문은 제안할 때도 유용하게 쓰입니다. Let's ~로 시작한 문장에 shall we?를 붙이면, 제안에 대해 자연스럽게 상대의 동의를 이끌 수 있어요.

Let's get started, shall we? 그럼 시작할까요?

Let's grab a pint, shall we? 맥주 한잔 마시러 갈까?

Let's watch a film, shall we? 영화 한 편 볼까?

* **film** 영화 (영국에서는 '영화'를 film, '영화관'을 cinema라고 부름)

5 찐 영국식 부가 의문문
~, innit?

innit?은 문법적으로 isn't it?의 축약형이지만, 실제로는 문장의 종류나 시제에 상관없이 다양한 문장 끝에 붙여 동의를 구하는 영국 구어체 표현입니다. 비공식적인 대화에서 자주 사용되며, 공식적인 자리에서는 사용을 피하는 것이 좋습니다.

She is so pretty, innit? 걔 진짜 예쁘지, 그치?

I can't go, innit? 나 못 가잖아, 맞지?

He works in London, innit? 그 사람 런던에서 일하지, 그렇지?

Dialogue  | 영국인들의 실제 대화 엿보기

A It's going to rain later, isn't it?

B Yeah, I think so.

   We should bring an umbrella, shouldn't we?

A Definitely.[1]

   Oh, you didn't forget to bring your jacket, did you?

B No, I have it right here.[2] Let's get going,[3] shall we?

A Sure! It's going to be a fun day, isn't it?

B Absolutely,[4] it is!

A 오늘 비 온다지, 그렇지?

B 응, 그럴 것 같아.

우산을 가져가야겠지, 안 그래?

A 그럼.

아, 너 재킷 가져오는 거 안 잊었지, 그렇지?

B 응, 여기 있어. 그럼 가볼까?

A 물론! 오늘 재미있는 하루가 될 거야, 그렇지?

B 그럼, 그렇고 말고!

💬 회화 포인트

1. **Definitely.** (그럼.)
   확신을 가지고 "그럼!" 하고 대답할 때 써요. 상대의 말에 완전 동의할 때 쓰는 표현으로, Absolutely.와 비슷하지만 상황에 대한 확신을 강조할 때 사용돼요.

2. **I have it right here.** (여기 있어.)
   물건을 손에 들고 있거나 바로 옆에 있을 때 쓰는 표현이에요. "여기 있어."라고 바로 보여줄 때 써요.

3. **Let's get going.** (가자.)
   이제 출발할 때 쓰는 말이에요. "자, 가자."라는 느낌으로, 더 이상 기다리지 않고 바로 시작하려는 의지 표현이에요. Let's move.나 Let's head out.과 비슷해요.

4. **Absolutely.** (그럼. 그렇고말고.)
   "확실히 그렇다!" 할 때 쓰는 표현이에요. 강한 동의를 나타낼 때 유용하며, Definitely.와 비슷하지만 더 강한 동의를 표현할 때 써요.

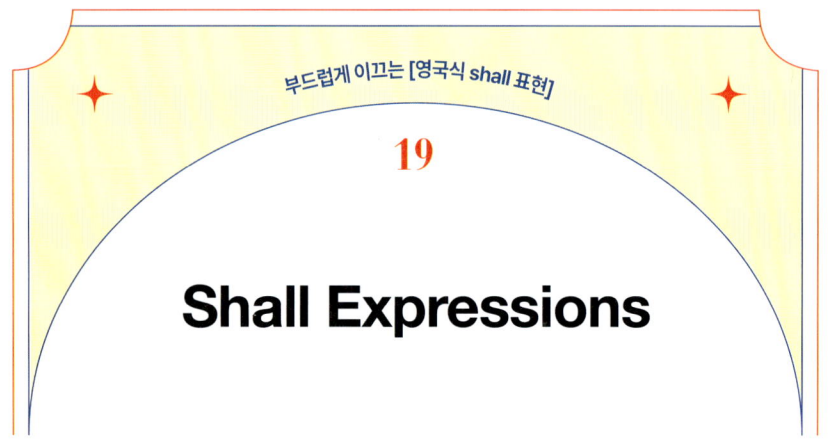

부드럽게 이끄는 [영국식 shall 표현]

19

Shall Expressions

영어를 잘 몰라도, 영어에 별로 관심이 없어도 아마 이 문장은 한 번쯤 들어 보셨을 거예요. 영화나 음악에서 자주 등장하는 유명한 문장,

Shall we dance? 춤 줄래요?

영국 영어 19번째 시간 주인공이 바로 shall입니다. shall은 영국인들이 자주 쓰며, 영국식 영어의 중요한 특징을 담고 있는 단어입니다. 그래서 shall의 의미와 쓰임은 '댄스 제안'에만 그치지 않고, 정말 다양하답니다.

shall을 고어(old-fashioned)로 여겨 현대에는 잘 쓰지 않는다고 생각하는 분들도 있을 거예요. 하지만 영국인들은 여전히 일상회화에서 shall을 자주 사용하고 있고, 영국 영어에서는 중요한 역할을 하고 있기에 결코 놓칠 수 없습니다.

우선 발음을 짚고 가죠. shall의 발음은 [ʃæl] 또는 [ʃəl]로, '껍질'을 뜻하는 shell[ʃel]과 헷갈리지 않도록 주의해야 합니다.

shall은 영국식 영어에서 공손한 제안이나 도움을 요청할 때 빛을 발합니다. Shall I ~?(제가 ~할까요?), Shall we ~?(~할래요?) 이렇게요.

미국에서도 shall을 쓰긴 하지만, 보통은 아래와 같은 표현들이 더 널리 사용됩니다.

Should I ~?　~하는 게 좋을까요?

Can I ~?　~해도 될까요?

Do you want ~?　~할래요?

Would you like to ~?　~하시겠어요?

How about ~?　~하는 게 어때요?

shall이 영국에서 여전히 중요한 역할을 하고 있다고 해서, 영국에서는 반드시 shall만 쓰고, 미국에서는 위의 표현들만 사용하는 건 아니에요. 두 나라의 차이를 이해하고, 상황에 맞게 사용하는 것이 중요합니다.

이번 유닛에서는 shall을 통해 영국식 영어의 매력을 탐구하고, 자연스럽고 세련된 영어 표현을 배우는 시간을 가져보세요!

 **Expressions** | 영국 현지 회화표현

1
Shall I ~?
제가 ~할까요?

이 표현은 주로 누군가를 돕거나 뭔가를 하겠다고 제안할 때, 혹은 자신이 어떤 행동을 해야 할지 상대방의 의견을 구할 때 사용됩니다. 공손하고 부드러운 느낌으로 배려와 예의를 담고 있죠. 미국에서도 가끔 쓰이지만, 확실히 영국에서 더 자주 사용됩니다. 미국에서는 비슷한 상황에서 Should I ~?, Do you want me to ~? 같은 표현이 더 일반적이죠.

Shall I ~?와 Should I ~?는 어감에서 차이가 있습니다. Shall I ~?는 '내가 이걸 하면 괜찮을까?'라는 뜻으로 배려와 공손함을 담고 있어요. 반면, Should I ~?는 '내가 이걸 하는 게 맞을까/좋을까?'라며 행동의 필요성을 묻고 판단이나 조언을 구하는 어감입니다.

It's cold in here. Shall I close the window?
여기 너무 춥네요. 창문을 닫을까요?

Shall I help you with that?
그것을 도와드릴까요?

Shall I call you later?
나중에 전화드릴까요?

2

Shall we ~?
우리 ~할까요?

상대방과 함께 무엇을 하자고 제안하거나 의견을 구할 때 쓰는 표현이에요. 공손하고 부드러운 뉘앙스를 담고 있어 격식 있는 대화에서도 자주 쓰여요. 특히 영국 영어에서 더 자주 사용되며, 미국에서는 Should we ~?(Let's ~) 또는 How about we ~? 같은 표현이 더 일반적입니다.

Shall we ~?는 '우리 이걸 하면 어떨까?'라는 느낌으로 가볍고 긍정적인 제안을 전달하며, 상대방의 동의를 구할 때 적합해요.

Shall we start the meeting now?
지금 회의를 시작할까요?

What shall we do this weekend?
이번 주말에 무엇을 할까요?

I feel quite peckish. Shall we grab something to eat?
조금 출출한데, 뭐 좀 먹으러 갈까요?

TIP ♥ 출출할 땐 PECKISH!

영국 영어 슬랭으로 배가 살짝 고플 때 사용하는 단어입니다. peckish는 새가 부리로 먹이를 쪼는 동작인 peck(쪼다)에서 유래했어요. I'm peckish. 하면 "배가 조금 고파요."라는 뜻이죠. 배가 고파서 살짝 뭔가 먹고 싶은 느낌을 재치 있게 표현한 단어로, 영국 특유의 센스를 느낄 수 있습니다. 미국 영어에서는 peckish보다 보통 hungry를 사용해요. a little hungry나 starving도 비슷한 상황에서 쓰일 수 있습니다. 단, starving은 '몹시 허기질 때', '배고파 죽을 지경일 때' 쓰죠.

- 영국 영어: I feel a bit **peckish**. 조금 출출하네.
- 미국 영어: I'm a little **hungry**. 조금 배고픈데.

I shall ~
나 ~할 거야

shall은 I 또는 we와 함께 사용되며, she나 he와는 잘 쓰이지 않아요. 주로 공식적인 문서(규칙, 계약서, 법적 문서)에서 사용되며, 일상 대화에서는 잘 쓰이지 않습니다. shall은 의무나 약속을 강조할 때 주로 쓰이고, 강한 의지나 다짐을 나타낼 때 적합한 표현이에요.

고전 드라마나 격식 있는 대화에서 자주 사용되죠. <더 크라운(The Crown)> 같은 드라마에서 쉽게 접할 수 있답니다. 그렇다고 드라마에서만 쓰이는 표현은 아니며, 특별한 상황에서는 여전히 활용되죠.

I shall ~은 '내가 이걸 반드시 하겠다'는 강한 결심을 담고 있어, 단순한 미래 시제를 넘어 의지와 다짐을 표현하는 데 적합합니다.

I shall see you tomorrow.
그럼 내일 만나.

I shall be there by 8 o'clock.
8시까지 거기 갈게.

I shall finish the project before the deadline.
기한 전에 프로젝트를 끝낼 거야.

4 shan't ~
~하지 않을 거야

shall not의 축약형으로, '~하지 않을 거야'라는 뜻입니다. 현대 일상 영어에서는 거의 쓰이지 않으며, 주로 영국의 고전 소설이나 시대극에서 접할 수 있고, 격식 있는 대화나 문어체, 또는 정중하면서도 단호한 어조가 필요할 때만 제한적으로 사용됩니다. 가끔 부모가 아이를 단호히 훈육할 때처럼 특정한 상황에서 쓰이기도 하죠. shan't는 전통적인 영국 영어의 우아하고 단정한 어감을 잘 드러내는 표현입니다.

다음은 영국 배경의 드라마와 영화에 나온 표현들입니다.

I shan't be long.   금방 다녀올게.
<The King's Speech>(2010)

No, I shan't have anything.   아니요, 전 아무것도 안 먹을 거예요.
<The Crown Season 2>(2017)

That shan't be necessary.   그럴 필요 없을 거야.
<Bridgerton Season 2>(2022)

다음은 영국의 일상에서 제한적으로 shan't가 사용되는 경우들입니다.

You shan't go out until you finish your homework.
숙제 끝내기 전엔 외출 못 해!

We shan't allow such behavior.   그런 행동은 용납하지 않겠어요.

I shan't be attending the party, I'm afraid.
유감이지만, 파티에 참석하지 않을 겁니다.

Dialogue | 영국인들의 실제 대화 엿보기

A   I feel quite peckish. **Shall we** grab something to eat?

B   Oh, absolutely![1] Where **shall we** go?[2]

A   How about the café nearby? It's lovely there.

B   Sure! **Shall I** call ahead to reserve a table?

A   No need![3] I'll go early and grab us a spot.
    I **shan't** be long.

B   Perfect.[4] See you there!

A 조금 출출한데, 뭐 좀 먹으러 갈까요?

B 오, 좋아요! 어디로 갈까요?

A 근처 카페 어때요? 분위기 정말 좋아요.

B 좋아요! 제가 먼저 전화해서 예약할까요?

A 그럴 필요 없어요! 제가 일찍 가서 자리 잡아둘게요.
오래 안 걸릴 거예요.

B 완벽하네요. 그럼 거기서 봐요!

회화 포인트

1. **Oh, absolutely!** (오, 물론이죠!)
   강한 긍정으로, 상대방의 제안을 흔쾌히 받아들일 때 유용한 표현입니다. Of course.(물론이죠.)나 For sure.(그럼요.)와 비슷한 의미로 쓸 수 있어요.

2. **Where shall we go?** (어디로 갈까요?)
   상대방에게 의견을 묻거나 제안하는 표현으로, 공손하면서도 부드럽게 대화를 이어갈 수 있어요. 미국에서는 이런 경우 보통 Where should we go?라고 하죠.

3. **No need!** (그럴 필요 없어요!)
   상대방의 제안에 공손히 거절하고, 불필요한 행동을 피할 때 적합한 표현이에요. It's fine.(괜찮아요.)이나 Don't worry.(신경 쓰지 마요.)도 비슷한 의미로 쓸 수 있어요.

4. **Perfect.** (완벽하네요.)
   제안이나 계획에 동의하거나 긍정적인 반응을 보일 때, 짧고 간단하게 쓸 수 있어요.

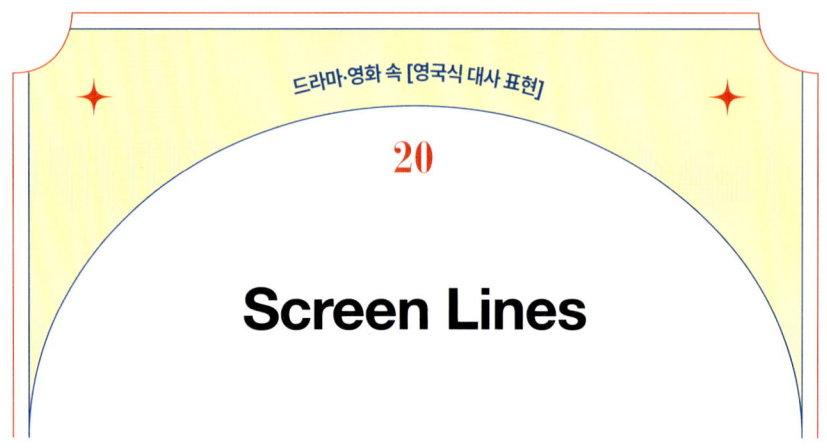

드라마·영화 속 [영국식 대사 표현]

20

Screen Lines

드라마나 영화를 볼 때, 대사 한마디 한마디가 유난히 더 귀에 들어올 때가 있지 않나요? 특히 영국 드라마와 영화는 독특한 표현과 매력적인 억양으로 많은 사람들에게 사랑받고 있습니다. 교과서 영어에서는 느낄 수 없는 생생한 대화와 자연스러운 표현을 익히기에 최고의 도구가 되죠.

영국식 영어를 배우고자 하는 분들에게는, 억양 하나, 단어 선택 하나에 담긴 뉘앙스를 이해하는 것이 중요합니다. 단순히 단어를 외우는 것을 넘어, 상황에 맞는 어투와 감정까지 익히는 것이 진짜 실력으로 이어지기 때문입니다.

이번 유닛에서는 전 세계적으로 선풍적인 인기를 끈 영국 드라마 <브리저튼(Bridgerton)>과 일상의 유머와 진솔함으로 사랑받은 영화 <브리짓 존스의 일기(Bridget Jones's Diary)>를 다룹니다.

<브리저튼>은 19세기 초 리젠시 시대를 배경으로, 고풍스러운 영어와 현대적 표현이 절묘하게 섞여 있어 우아하고 격식 있는 영어를 배우기에 최적입니다. 화려한 의상과 세트, 현대 음악을 클래식으로 편곡한 연출, 다양한 인종의 캐릭터까지 신선한 매력을 더했죠.

<브리짓 존스의 일기>는 30대 싱글 여성 브리짓의 직장, 연애, 다이어트 고군분투를 유머러스하게 그린 이야기입니다. 가벼운 일상 표현과 영국식 유머가 가득해, 실생활에서 바로 쓸 수 있는 자연스러운 문장을 익히기에 안성맞춤입니다.

이번에 소개하는 표현들은 두 작품 속에서 실제로 사용된 문장들입니다. 각 표현이 어떤 장면에서 어떤 뉘앙스로 쓰이는지 함께 살펴보며, 영국식 영어의 매력을 한층 더 깊이 느껴보세요. 표현 하나하나가 여러분의 영어 감각을 더 풍성하게 만들어줄 거예요!

Expressions | 영국 현지 회화표현

indeed
진정으로, 정말로, 깊이

<브리저튼>을 보면, 인물들이 말끝에 indeed를 덧붙이는 장면이 자주 나와요. 특히 누군가의 말에 정중하게 동의하거나, 감정을 강조하고 싶을 때 자연스럽게 사용합니다.

indeed는 미국식 영어와 영국식 영어에서 모두 사용되지만, 영국에서는 일상 대화에서도 비교적 자주 등장하는 편입니다. 반면 미국에서는 조금 더 격식 있는 대화나 문어체 표현에서 자주 쓰이는 경향이 있어요.

간단히 Thanks.나 Cheers.로 감사 인사를 할 수도 있지만, 여기에 indeed를 덧붙이면 감사를 더 진지하고 깊게 표현할 수 있습니다. 때로는 Indeed. 한마디로만 답하면서도, 깔끔하고 정중한 인상을 줄 수 있어요.

A **You looked upset yesterday.**
어제 기분이 안 좋아 보이던데.

B **I was very sad indeed. It was a tough day.**
정말 슬펐어. 힘든 하루였거든.

A **Can you help me with the files?**
파일 정리 좀 도와줄 수 있나요?

B **I don't mind at all. Indeed, I'd be delighted.**
물론이죠. 도와드리게 돼서 오히려 기뻐요.

rather
꽤, 좀, 상당히

<브리저튼>을 보면, 인물들이 감정이나 의견을 전할 때 이 표현을 참 자연스럽게 많이 씁니다. rather는 '꽤', '상당히'라는 의미로, 뭔가를 강조하면서도 과장하거나 거칠지 않고 부드럽게 표현할 때 딱 좋은 표현이에요.

영국식 영어에서는 very 대신 rather를 써서 말투를 조금 더 점잖고 세련되게 만드는 경우가 많습니다. (미국에서도 쓰이지만, 글쓰기나 공식적인 문장에 좀 더 어울리는 편이에요..)

특히 영국인들은 강하게 좋다, 싫다를 표현하기보다, 이렇게 약간 여운을 남기는 말을 좋아해요. 그래서 It's rather cold today.처럼 살짝 감정을 완충해서 표현할 때 rather가 자주 등장합니다.

A **How's the weather outside?** 밖에 날씨 어때?
B **It is rather cold today.** 오늘 꽤 춥네.

A **Do you like this book?** 이 책 맘에 들어?
B **Yes, I find this book rather interesting.** 응, 꽤 흥미롭네.

A **How's the food?** 음식은 어때요?
B **This food is rather delicious. I'm enjoying it.**
꽤 맛있어요. 정말 만족스럽네요.

3

utterly
완전히, 몹시

<브리저튼>을 보면, 귀족 인물들이 어떤 감정이나 상황을 아주 강하게 강조할 때 이 표현을 자주 써요.

utterly는 totally, completely, absolutely 같은 말과 비슷한 의미지만, 살짝 더 고급스럽고 품위 있는 느낌을 줍니다. 영국식 영어에서는 특히 강한 감정을 표현할 때 utterly를 자연스럽게 사용합니다. 긍정적인 의미(완전히 아름답다)나 부정적인 의미(완전히 끔찍하다) 모두에 잘 어울려요.

utterly는 일상 대화에서도 쓰이지만, 감정이나 상황을 드라마틱하게 묘사하고 싶을 때 정말 효과적입니다. 브리저튼처럼 우아하면서도 강한 어조를 살리고 싶다면, utterly를 살짝 얹어보세요.

A **You look so tired.**
많이 피곤해 보이네요.

B **I am utterly exhausted from work today.**
오늘 일 때문에 완전히 지쳤어요.

A **How's the storm outside?** 밖에 폭풍 어때?

B **This weather is utterly dreadful.** 이 날씨 정말 끔찍해.

A **What do you think of the view?** 전망 어때 보여?

B **This view is utterly stunning.** 이 전망 정말 끝내줘.

Bloody marvellous!

정말 굉장해! 대박이야!

이번에는 <브리짓 존스의 일기>로 넘어갑니다. 브리짓이 친구와 대화하다가 깜짝 놀랄 만한 좋은 소식을 듣고 신나게 외치는 표현이에요.

영국식 영어에서는 긍정적인 감정을 강조할 때 bloody를 붙여 감정을 훨씬 강하게 표현하는 경우가 많습니다. marvellous는 미국식 영어에서 marvelous로 쓰이지만, 영국식 철자는 l이 두 번 들어갑니다. 철자만 봐도 영국스러운 느낌이 물씬 나죠.

Bloody marvellous!는 정말 좋은 일이 생겼을 때, 진심으로 감탄하는 느낌을 자연스럽게 담아낼 수 있는 표현이에요. 영국에서는 친구들끼리 축하하거나 감탄하는 리액션으로 아주 자주 자연스럽게 들을 수 있어요.

A **I passed my driving test.** 나 운전면허 시험 붙었어!

B **Bloody marvellous! Well done!** 대박! 정말 잘했어!

A **The concert tickets are sorted.** 콘서트 티켓 해결했어.

B **Oh, bloody marvellous! Let's celebrate.** 대박이네! 축하하자.

A **Did you hear? They're getting married next month.**
들었어? 걔네 다음달에 결혼한대.

B **Bloody marvellous news, isn't it?**
정말 굉장한 소식이지, 그치?

239

5

Sod's law

(일이 꼭 안 풀릴 때) 소드의 법칙

<브리짓 존스의 일기>를 보면, 예상치 못한 불운한 일이 생길 때 브리짓이 툭 내뱉듯 자주 쓰는 표현이에요.

Sod's law는 '일이 잘못될 수 있다면 꼭 그렇게 된다'는 뜻으로, 우리말의 "꼭 이럴 때 이래", "일이 꼭 꼬여" 같은 어감의 표현이죠. 미국식 표현인 Murphy's law(머피의 법칙)와도 비슷합니다.

Sod는 원래 영국 속어로 '운 없는 사람', '불운을 몰고 다니는 사람'을 가리키는 말에서 나왔어요. 그래서 영국에서는 작은 실수나 어이없는 상황이 생겼을 때 가볍게 농담처럼 "Sod's law!" 하고 말하는 경우가 많죠. 너무 심각하게 쓰기보다는, "아휴, 또 이런다~" 같은 가벼운 투덜거림에 가까워요. 특히 일상 속 소소한 불운을 웃어넘길 때 딱 좋은 표현입니다.

A **The train's delayed again.**   기차 또 지연됐어.

B **Typical. Sod's law, isn't it?**   늘 그렇지. 소드의 법칙이잖아, 안 그래?

A **I spilt coffee on my white shirt.**   흰 셔츠에 커피 쏟았어.

B **Ah, Sod's law strikes again.**   아, 또 재수 없게 됐네.

A **The printer broke just before the meeting.**
회의 직전에 프린터 고장 났어.

B **That's Sod's law for you.**   그러게, 일이 꼭 이래.

have a chinwag
수다를 떨다

<브리짓 존스의 일기>를 보면, 브리짓이 친구들과 만나서 가볍게 수다를 떠는 장면이 자주 나와요. 그럴 때 자연스럽게 쓸 수 있는 표현이 바로 have a chinwag입니다.

chinwag는 chin(턱)과 wag(흔들다)이 합쳐진 단어예요. 말을 많이 하다 보면 턱이 계속 움직이는 모습이 연상되잖아요? 그런 모습을 재치 있게 나타낸 영국식 표현입니다.

영국에서는 친구끼리 만나거나, 오랜만에 수다를 떨고 싶을 때 Let's have a chinwag!처럼 편하게 제안합니다. 수다 자체가 목적일 때 쓰는 말이라, 가벼운 분위기에서 아주 자연스럽게 들려요.

A Fancy a coffee this afternoon? 오늘 오후에 커피 한잔 어때?

B Yes, let's **have a** proper **chinwag**. 좋아, 수다 좀 제대로 떨어보자.

A What have you been up to lately? 요즘 뭐하고 지냈어?

B Nothing much, but let's **have a chinwag** soon.
별거 없어. 곧 만나서 수다 떨자.

A We haven't **had a chinwag** in ages.
우리 진짜 오랜만에 수다 떠는 것 같아.

B You're right. Let's fix that. 맞아. 그럼 이참에 한바탕 떨자.

* **Let's fix that.** 바로잡자. 여기서는 그동안 수다를 못 떨었으니, 이제 그걸 바로잡기 위해 한바탕 수다 떨자는 의미

Dialogue | 영국인들의 실제 대화 엿보기

A The meeting today was utterly dreadful, don't you think?

B Indeed, it was completely exhausting. I'm glad it's finally over.

A What a way to end the day. Shall we grab a drink?

B Brilliant![1] I could really use[2] a break.

A How about that new bar around the corner?

B Bloody marvellous idea! Let's go. I'll save us a seat.[3]

A Great, just as we arrive, I bet it'll start pouring!

B Sod's law, isn't it? Seems to always happen unexpectedly.

A 오늘 회의 정말 끔찍하지 않았어?

B 정말 그래, 완전 지치더라.

드디어 끝나서 다행이야.

A 이런 식으로 하루를 끝내다니. 한잔할까?

B 좋아! 진짜 휴식이 필요해.

A 모퉁이에 새로 생긴 바 어때?

B 완전 끝내주는 생각인데! 가자. 내가 자리 맡아둘게.

A 좋아, 근데 도착하자마자 분명 비 쏟아질 걸!

B 꼭 그런 식이지 뭐, 안 그래? 항상 예기치 않게 일이 생기는 것 같아.

💬 회화 포인트

1. **Brilliant!** (좋아!)
상대방의 제안이나 의견에 "좋아!", "끝내준다!", "최고야!"라며 긍정적으로 동의하는 표현이에요. 미국 영어에서는 이럴 때 Great!나 Awesome!을 쓰죠.

2. **could really use** (정말 필요하다)
뭔가 필요하거나 간절히 바랄 때 유용해요. could use는 need와 비슷한 의미지만 더 간절하고 구체적인 상황에서 사용됩니다.

3. **I'll save us a seat.** (내가 자리 맡아둘게.)
save us a seat은 '자리를 맡다'는 뜻으로, 여기서는 화자가 일행 모두의 자리를 맡아두겠다는 의미로 썼어요.
흥미롭게도 영국에서는 '내 자리를 맡아달라'고 할 때도 Save us a seat.처럼 me가 아니라 us를 써서 표현하는 경우가 많답니다. 미국에서는 이런 경우, 보통 Save me a seat. 또는 Save a seat.을 쓰죠. 이밖에도 Get us a coffee, will you?(나 커피 하나만 사다줄래?) / Pass us the salt.(소금 좀 줘.)처럼, 미국 영어에서는 보통 me라고 말할 상황에서, 영국 구어체에서는 us를 자주 쓰는 경향이 있다는 점도 알아두세요.

British Special

Parenting | 영국의 육아

영국식 영어에는 아기용품, 가족 호칭, 육아 표현에서도 미국식과 다른 단어들이 꽤 많아요. 'bib(턱받이)'이나 'high chair(유아식탁)'처럼 같은 단어를 쓰는 경우도 있지만, 전혀 다른 단어를 쓰는 경우도 있어 헷갈리기 쉽죠.

예를 들어, 영국에서 nappy bag을 찾는다고 하면 미국 사람은 못 알아들을 수 있어요. 거기선 diaper bag이라고 하거든요. 또, "I put my baby in a cot."이라는 말도 미국에서는 "간이침대에 아기를 재워?"라는 반응이 나올 수 있어요. 같은 단어라도 이렇게 의미가 달라지곤 해요.

영국 vs 미국, 육아 관련 표현

뜻	영국	미국
아기 기저귀	nappy	diaper
고무젖꼭지 (노리개)	dummy	pacifier
아기 침대	cot	crib
엄마	Mum / Mummy	Mom / Mommy
아기 유모차	pram / pushchair	baby carriage / stroller
면봉	cotton buds	cotton swabs
변기 훈련용 의자	potty	potty chair
기저귀 가방	nappy bag	diaper bag
수유 쿠션	feeding pillow	nursing pillow

육아 방식도 다를까?

표현뿐 아니라, 육아 문화에서도 영국과 미국은 조금씩 다른 점이 보여요. 물론 어디까지나 전반적인 경향일 뿐이고, 부모마다 스타일은 다르다는 점은 감안해 주세요.

- **유모차 사용:** 영국은 pram(신생아용)과 pushchair(유아용)를 구분해 쓰고, 유모차를 끌고 카페에 들어가도 눈치 보이지 않는 분위기예요. 보행자 중심의 환경이 잘 갖춰져 있어 유모차 사용이 자유롭죠. 미국은 stroller 하나로 통칭하고, 카시트 겸용 제품이나 아기띠(baby carrier)도 많이 사용해요.

- **수면 습관:** 영국은 아기 방을 따로 쓰고, 일정한 수면 루틴을 중요하게 여겨요. sleep training(수면 훈련)을 빠르게 시작하는 경우도 있어요. 미국은 co-sleeping(같은 방에서 자기)도 흔하고, 아기의 정서적 안정에 더 무게를 두는 경향이 있죠.

- **어린이 식습관:** 영국은 유아기부터 간식을 제한하고, 식사 시간을 일정하게 지키는 걸 중요하게 여겨요. 음식 간도 담백한 편이죠.

- **보육 환경:** 영국은 생후 9개월~3세 무렵부터 보육기관을 이용하는 경우가 많고, 일정 시간 무료 보육을 지원하는 제도도 잘 갖춰져 있어요. 다만 시간이 한국과 비교해서 매우 짧은 편이죠. 미국은 지역이나 소득에 따라 보육 접근성이 다르고, 조부모나 가족 중심의 돌봄이 더 오래 이어지는 경우도 많아요.

- **육아 지원 제도:** 영국은 육아휴직이나 보육 지원 같은 공공 제도가 비교적 잘 마련되어 있어요. 미국은 육아휴직이 법적으로 보장되지 않는 경우도 있어, 부모의 개인 부담이 더 클 수 있어요.

미국 영어 발음 무작정 따라하기

발음 훈련 mp3 파일 무료 제공

오경은 지음 | 352쪽 | 20,000원

귀가 뚫리면, 입이 열린다!
발음이 바뀌면, 회화가 터진다!

26년 전통의 영어 발음 바이블! 완전히 새롭고 더 강력해진 최신 개정판

- **난이도** 첫걸음 | **초급** | 중급 | 고급
- **대상** 발음 때문에 말하기와 듣기에 자신이 부족한 영어 학습자
- **기간** 60일
- **목표** 영어 발음의 원리를 체계적으로 익혀 스피킹과 리스닝 자신감 키우기

Disney · Pixar Best Collection

엘리멘탈

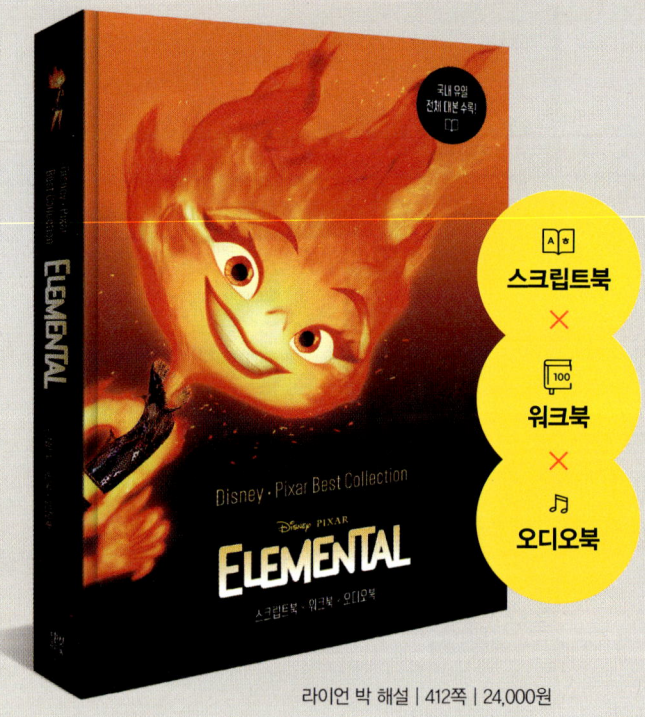

라이언 박 해설 | 412쪽 | 24,000원

국내 유일 〈엘리멘탈〉 영어 대본집!

전체 대본과 스틸컷을 담은 스크립트북, 회화 문장을 엄선한 워크북, 디즈니 추천 성우의 오디오북으로 애니메이션의 감동을 다시 느낀다.

난이도	첫걸음 · **초급** · **중급** · 고급	기간	30일
대상	영화 대본으로 재미있게 영어를 배우고 싶은 독자	목표	영화 주인공처럼 말하기

- 스크립트북
- 워크북
- 오디오북

인사이드 아웃 2

라이언 박 해설 | 588쪽 | 26,000원

국내 유일 〈인사이드 아웃 2〉 영어 대본집!

전체 대본과 스틸컷을 담은 스크립트북, 회화 문장을 엄선한 워크북,
디즈니 추천 성우의 오디오북으로 애니메이션의 감동을 다시 느낀다.

난이도	첫걸음 **초급** 중급 고급	기간	30일
대상	영화 대본으로 재미있게 영어를 배우고 싶은 독자	목표	영화 주인공처럼 말하기

외우지 않는 편안함
동사 X 전치사 도감

부록
학습용 MP3
2종 제공

1. 말하기 연습용
2. 영문 학습용

권은희 지음 | 363쪽 | 19,800원

이미지로 기억되니 외우지 않아도 된다!

쉬운 '전치사 30개 x 동사 43개'로 1,000 이상의 표현을 머릿속에!

난이도	첫걸음 | 초급 | 중급 | 고급	**기간** 기간과 순서에 관계없이 학습
대상	쉬운 표현으로 원어민처럼 얘기하고 싶은 학습자	**목표** 전치사 30개와 동사 43개의 개념을 잡고 1,000개 이상의 표현으로 활용